# 세계의 최고 행정기관 기록물 이관

사례와 쟁점

# 세계의 최고 행정기관 기록물 이관

사례와 쟁점

초판 1쇄 발행  2020년  11월 20일

지은이 ┃ 노명환, 배은경, 조민지, 고임정, 이선옥, 이정연
펴낸이 ┃ 윤관백
펴낸곳 ┃ 도서출판 선인

등  록 ┃ 제5-77호(1998.11.4)
주  소 ┃ 서울시 마포구 마포대로 4다길 4 곳마루 B/D 1층
전  화 ┃ 02) 718-6252 / 6257
팩  스 ┃ 02) 718-6253
E-mail ┃ sunin72@chol.com

정가  12,000원
ISBN  979-11-6068-413-1  93020

# 세계의 최고 행정기관 기록물 이관
## 사례와 쟁점

노명환, 배은경, 조민지, 고임정, 이선옥, 이정연

 도서출판 선인

한국의 대통령기록제도는 2007년을 전후해서 시작되었다. 당시 대통령기록관리법이 제정되었고 대통령기록관리기구가 정비되었다. 연이어 노무현대통령기록이 대통령기록관으로 이관되었다. 대통령기록이 퇴임과 동시에 이관되었으며 이 사실을 국민들에게 공개했다. 대통령기록 관리제도의 도입과 이에 따른 대통령기록의 이관은 대한민국 정부가 수립된 이후 처음 있는 일이었다. 대통령기록 관리제도는 공공기록관리 제도의 상징적 존재로 한국의 공공기록관리를 발전시킬 것이고 나아가 민주주의를 성숙시킬 것이라는 기대감을 불러일으켰다.

그러나 난관이 기다리고 있었다. 대통령기록은 인화성 물질이 되었다. 새로운 집권세력은 대통령기록을 퇴임대통령과 그 정치세력을 공격하기 위한 수단으로 악용했다. 노무현대통령기록에 대한 압수수색, 남북정상회담 대통령기록의 무단공개 등이 대표적인 사건이었다. 당초 대통령기록 관리제도를 도입할 때 대통령기록의 정치적 민감성에 대한 고려가 있었다. 정권이 바뀌어도 대통령기록은 절대적으로 보호되어야 한다는 필요성으로 대통령지정기록물관리제도가 대통령기록관리법에 반영되었다. 특별한 보호가 필요한 대통령기록을 퇴임하는 대통령이 대통령지정기록물로 지정하면 국가는 이를 매우 엄정하게 보호해야 한다는 것이 그 취지이다. 그러나 대통령지정기록물제도로 대통령기록을 보호하는 데에는 한계가 있었다. 한편, 대통령기록 관리제도에는 퇴임 대통령의 재임 중 기록활용에 대한 것이 있다. 퇴임한 대통령이 자신이 재임 중 생산한 기록을 활용하여 활동할 경우 새로운 대통령 문화와 정치문화를 형성하는 데에 기여할 것으로 예상되었으나 이것도 잘 되지 않고 있다. 대통령기록 관리제도는 한동안 위기에 처해 있었다. 그러나 2017년 촛불혁명 이후 긍정적 변화가 시작되었다. 기록혁신이 새로 시작되면서 전문직 대통령기록관장이 취임했고, 대통령기록관리법도 일부 정비되었다. 나아가 개별대통령기록관의 설치, 전임대통령의 기록활용에 대한 실질적인 서비스 방안 등이 논의되고 있다. 보다 안정적인 대통령기록 관리 제도를 위한 사회적 노력이 진행 중인 것이다.

　이런 시점에 미국, 독일, 프랑스, 러시아의 대통령(수상) 기록 관리제도를 연구한 책을 펴내게 되었다. 대통령(수상) 기록제도와 정치문화의 연관성에 대한 깊이 있는 분석을 통해 국정통치기록 관리 제도를 전반적으로 성찰해볼 필요성이 있다고 보았기 때문이다. 각국의 역사에서 배울 수 있는 점이 있을 것이다. 이 책은 주요 국가의 정치문화와 대통령(수상) 기록 관리제도의 긴밀한 연관성을 기록관리전문가의 안목으로 깊이 있게 분석한 책이다. 이 책이 한국의 대통령기록 관리 제도를 보다 장기적인 안목으로 통찰하고 정비하는 데에 좋은 시사점을 줄 것이라 본다.

　특히, 이 책에서는 각 국가의 기록의 이관 문제에 따른 정치적, 행정제도 및 문화적 측면에 초점을 맞추고자 하였다. 이러한 뜻에서 기록관리 선진국으로서 최고행정기관의 기록관리와 관련하여 서로 다른 개념과 실재를 가지고 있는 미국, 독일, 프랑스, 러시아 네 나라의 사례를 살펴보고자 했다. 이 네 국가의 사례를 통해 최고행정기관 기록이 권력에 의해 임의적으로 처분되지 않고 정해진 규정에 따라 생산되고,

보존, 공개 이관되는지를 살펴보고자 하였다. 이 네 국가의 민주주의 정도, 그리고 네 국가 사이에도 민주적 정치 운영의 방식에 차이가 존재할 것이다. 이들 나라의 정치제도와 그와 관련한 국정통치기록을 어떻게 관리하는지를 기록관리를 중심으로 살펴볼 것이며, 이를 통해 단지 한국에서 국정통치기록의 이관 방법의 문제를 떠나서 기록관리와 더불어 민주주의의 발전, 기록관리의 민주주의 견인, 국가 발전을 위한 기록관리의 중요성을 발견하게 될 것이다. 즉, 철저한 기록관리를 통해 정치와 사회의 민주적 동력과 질서는 물론 외교와 국내 행정의 기밀유지, 투명성, 설명책임성, 연속성을 보장하는 시스템의 가치를 발견하게 될 것이다. 이와 함께 한국의 최고행정기관으로서 대통령 기록관리의 역사와 현재의 상황을 분석하고 위의 네 국가들의 경우로부터 귀중한 시사점을 얻고자 한다. 이러한 연구는 기술적 · 제도적인 문제를 넘어서서 그 제도가 뿌리내리고 있는 사회 · 문화적 토양 속에서 한국을 위한 시사점을 끌어낼 수 있을 것이다.

이 책을 만들 수 있는 가장 기초적인 연구는 2012년 대통령기록관 연구지원비에 의하여 수행된 "국정통치기록의 이관에 관한 국제비교 미국, 독일, 프랑스의 비교를 중심으로"이었다. 이 연구결과 (「국정통치기록의 이관에 관한 국제비교 미국, 독일, 프랑스의 비교를 중심으로」, 『역사문화연구』 48호, 2013)를 수정 보완하고 한국과 러시아의 경우를 추가하였다. 이 책의 말미에 한국이 얻을 수 있는 시사점과 미래 방향을 정리하였다. 미국의 경우를 수정 보완하는데 있어서 미국현지에서 활동하시는 이선옥 선생님이 조민지 선생님과 함께 큰 역할을 해주셨다.

4차 산업혁명이 진행되고 있는 현 시점에서 첨단 기술의 발전을 통한 기록관리 환경이 크게 변하고 있다. 이제 얼마 있지 않아 '기록물 이관'이라는 단어가 낯설게 될지도 모른다. 클라우드 등 각종 플랫폼을 통해 최고행정기관 기록물이 생산되고 관리되며 이들에 대한 접근 권한이 양도되는 방법으로 '이관 업무'가 대체될 수 있다. 필자들은 기술적 전문가들과 함께 협업하여 이러한 측면을 깊이 연구하고 책으로 발행하고자 한다. 그것이 이 책의 연장선에서 II 권이 될 것이다.

본 도서의 발간을 위해 그동안 격려해 주시고 도움을 주신 이 분야의 여러 지인들과 도서출판 선인의 윤관백 사장님과 편집부 여러분께 감사드린다.

저자들을 대표하여

노명환

# 차례

## 📖 미국 대통령기록의 이관 _ 이선옥 · 조민지

## 📖 독일 최고 행정기관의 기록물 이관 제도와
## 한국을 위한 시사점 _ 노명환

# 한국 대통령기록의 이관

고 임 정

대통령기록관 학예연구사, 한국외국어대학교 대학원 정보·기록학과 강사

## 1. 머리말

대한민국 기록관리의 역사는 「공공기관의 기록물 관리에 관한 법률」 (이하 공공기록물법)이 제정된 1999년 이후 급격히 발전하였다. 벌써, 기록물관리법이 제정된 지 20여 년, 「대통령기록물 관리에 관한 법률」 (이하 대통령기록물법)이 시행된 지 10여 년이 지났다. 특히 대통령기록물법이 시행된 2008년 이후 대통령기록물이 세 차례나 이관되었고, 이관량은 무려 3천만여 건이나 될 정도로 방대하다. 심지어 문서뿐만 아니라 시청각기록물, 웹기록 등 다양한 형태의 기록물이 이관되었다. 양적으로는 너무나 급격하게 성장했다고 볼 수 있다. 그러나 이관된 기록물의 실제를 보면 여전히 해결해야 할 과제가 산적해 있다. 이는 한 국가의 기록관리 발전 여부는 단순히 이관된 기록물의 양이나 법과 제도만으로 결코 판단할 수 없음을 보여준다. 오히려 기록관리는 사회 전반의 인식이나 문화와 그 궤를 같이 하면서 서서히 변화, 발전하기 때문이다. 특히 대통령 기록관리의 문제는 어쩌면 당연하지만, 기록관리 내적인 문제만이 아니라 기록관리 외적인 문제가 더 깊이 작용함으로써 정치적인 문제이자 사회 전체의 기록문화에 대한 인식을 반영한다.

여기서는 이 문제를 모두 다룰 수는 없으나, 대통령기록물 관리와 관련하여 공공기록물법이 제정되기 이전과 이후의 기록관리 상황을 먼저 살펴보고, 대통령기록물법이 제정된 이후 이관현황과 관리, 그 과정에서 드러난 문제점 등을 실제 사례를 중심으로 살펴보고자 한다. 이를 통해 대통령기록물 관리의 현재 모습과 이후 대통령 기록관리의 나아가야 할 방향에 대해 살펴보고자 한다.

## 2. 한국 기록관리의 역사

### 1) 공공기록물법 제정 이전

1948년 정부수립 이후 한국전쟁과 국가 재건, 그리고 군사 쿠데타에 의해 정권이 찬탈되는 격변기를 거치면서 기록관리는 주된 관심사가 되지 못하였다. 기관의 기록관리는 주요 기록을 장기적으로 보존하거나 기관의 책임성을 입증하는 것이 아니라 행정관리를 위한 수단에 불과하였다.

먼저 1948년 이후 1950년대까지 공공기관에서는 사무관리의 일환으로 문서관리 업무를 수행하였다. 대통령 기록관리에 대한 내용을 살펴본다면 당시 공문서 관리의 기본 법령인 1949년 「정부처무규정」에서 결재권자에 따라 문서를 특·갑·을·병으로 구분[1]하고, 대통령의 결재를 거치는 문서를 '특류(特類)'로 분류하였다. 그리고 대통령에게 오

---

1) 「정부처무규정」(1949.7.15.) 제8조.

는 문서는 모두 총무처 문서과를 거쳐 접수[2]하도록 하는 등 정부수립
이후 변화된 행정환경에 맞게 공문서를 생산, 관리하기보다는 과거의
조선총독부 문서관리제도를 답습하였다.[3]

  1961년 5·16 군사쿠데타로 들어선 정부는 경제개발을 지상과제로
삼고 행정조직을 효율화하기 위해 공무원의 업무수행 방식을 개선하
고자 하였다. 그 일환으로 공문서의 '간소화', '표준화'를 추진하여 관련
비용과 인력을 감소시켜 행정 부담을 줄이고자 하였다. 1961년 정부공
문서규정의 제정을 시작으로 각종 규정을 마련하여 공문서를 관리하
고자 한 반면, 생산된 문서를 '행정효율화'의 미명하에 보존기간을 단
축하거나, 기관장의 재량으로 손쉽게 처분할 수 있도록 하였다.[4] 실제
1962년과 1968년 두 차례에 걸쳐 각급 기관에 보관 중인 문서를 '보존
문서 정리계획'에 의거하여 대규모로 처분하였는데, 이것은 결과적으
로 주요 기록물이 멸실되거나 폐기될 가능성이 있었다.[5] 한편, 이 시기
대통령 기록에 대한 내용으로는 1963년에 개정된 「정부공문서규정」[6]
에서 대통령과 왕복하는 문서를 수발할 때 "대통령·내각수반과의 사
이에 왕복하는 문서를 제외하고 내각사무처를 경유"하도록 하였다.

  이런 기조는 1980년대에 이르러 변화하는데, 이는 대외적 경제위기
와 신군부의 등장에 따른 불안정한 정국을 타개하기 위한 행정체제의
개편에서 비롯되었다. 당시 유사·중복 기능을 통합하여 능률적인 정

---

2) 「정부처무규정」(1949.7.15.) 제15조.
3) 서혜란, 「한국 공공기록관리 정책의 연대기적 검토」, 『한국기록관리학회지』
   제9권 제2호, 2009, 191쪽.
4) 「공문서보관·보존규정」(1963.12.16.) 제5조.
5) 이경용, 「한국 기록관리체제 성립과정과 구조 - 정부기록보존소를 중심으로-」,
   『기록학연구』 제8호, 2003, 10쪽.
6) 「정부공문서규정」(1963.11.20.) 제54조.

부를 구현한다는 취지에서 1984년 「정부공문서규정」을 전부 개정하면서 문서의 생산과 보존 규정을 통합하였고, 공문서 분류와 보존기간별 책정기준과 관련된 규정을 정비하였다. 대통령기록과 관련해서는 「정부공문서규정」에서 대통령 결재문서를 당시 정부기록보존소에 이관, 보존해야 한다고 규정하였다.[7]

1990년대에는 1980년대 공문서 관리의 기조를 그대로 유지하였다. 다만 사무자동화 기기의 보급에 따라 「사무관리규정」에 공문서의 생산과 유통에 관련된 변화를 반영하였다. 그런데 1990년대 문서관리를 통한 행정체제의 개편은 1969년 설립된 정부기록보존소가 아닌 총무처 행정관리국에서 담당하였다.[8] 이것은 문서관리가 행정관리의 일환으로 추진되었다는 사실을 단적으로 보여준다. 그렇기에 업무과정에서 문서의 관리나 수발신이 중요했던 반면, 가치 있는 기록을 영구적으로 보존해야 한다는 인식은 희박하였다. 그래서 업무과정에서 생산된 문서는 활용이 끝났을 때 파쇄되거나 방치되었으며, 행정기관이 이전되거나 통폐합 될 때 대량으로 처분되었다.

이런 행정환경에서 대통령 기록관리는 독립된 영역으로 자리매김하지 못하였다. '효율성'과 '능률성'이 중시되면서 통치행위에 대한 책임성, 과정에 대한 설명은 후순위로 밀려, '통치기록'에 대한 관심은 소홀할 수밖에 없었다. 특히 정권 창출 시 정당성을 확보하지 못한 군부정권은 국정통치의 기록을 공개하고 보존하기보다는 숨기거나 파기함으로써 정치적 안정을 도모하였다.

또한 과거 대통령의 국정수행 과정에서 생산된 기록물이 대통령 개

---

7) 「정부공문서규정」(1987.8.1.) 제39조.
8) 이승일, 「1980~90년대 국가기록관리체제의 개편과 제도적 특징」, 『한국기록관리학회지』 제8권 제2호, 2008, 36쪽.

인의 소유물이라는 인식이 팽배하여, 대통령이 퇴임한 후 사저로 가져가는 등 대부분의 주요 기록이 유실되었다. 이에 정부수립 이후 수십년이 지난 후에도 국정통치의 기록은 온전히 보존되지 못하였다.

## 2) 공공기록물법 제정 이후

기록관리에 새로운 전기를 마련한 것은 1999년 공공기록물법이다. 이 법은 '통일된 기록물 관리방안을 마련하여 기록유산을 보존·활용'하기 위해 제정되었다. 2007년 개정된 법률에서는 '투명하고 책임있는 행정의 구현과 공공기록물의 안전한 보존·활용'을 제시하여, 공공영역에 대한 책임성을 구현하기 위해 공공기록물이 보존되고 활용되어야 함을 밝히고 있다. 이것은 정부수립 이후 행정관리의 수단으로 추진되었던 기록관리에서 진일보한 것으로, 기록을 장기적으로 보존하고 활용케 함으로써 민주주의의 가치가 실현된다는 전제 위에 성립된 것이다.

공공기록물법은 1997년 대통령선거 직후 북풍공작 관련 문서와 IMF 관련 문서의 은폐, 파기 의혹이 제기된 이후 1998년 2월 국민의 정부 100대 정책과제로 '기록관리법 제정'이 채택되면서 진전되었다.[9] 1999년 제정된 공공기록물법은 기록의 생산 의무와 등록관리, 기록전문요원의 배치, 기록관의 설치, 공무원의 기록 보호의무 등을 주요 골자로 하였다. 그리고 정부기록보존소를 중앙기록물관리기관으로 하고, 국방, 외교, 통일부 등에 특수자료관을, 시·도에 지방기록물관리기관을 설치하는 등 국가기록관리체계를 수립하였다. 특히 공공기관에 '역사자료의 보존과 책임있는 업무수행을 위해 업무의 입안부터 종결까지 그 과정과 결과를 모두 기록물로 남길 수 있도록' 기록물의 생산의무를 규정

---

9) 국가기록원, 『국가기록원 40년사』, 2009, 79쪽.

하였다. 생산기관에서 책정된 보존기간에 따라 보존장소를 달리하는 기록물 이관체계를 만들고, 기록물의 체계적인 관리를 위해 기록물 관리기관에 '기록물 관리 전문요원'을 배치하도록 하였다. 아울러 동법 시행령 제37조에 기록물이 무단으로 파기되지 않도록 기록물 관리 전문요원의 심사와 기록물 폐기 심의회를 거치는 등 폐기 절차를 명시하였다.

1999년 제정된 이 공공기록물법 제13조에는 대통령기록물 관리가 처음으로 명문화되었다. ① 대통령·보좌기관이 대통령의 직무수행과 관련해 생산·접수한 모든 기록물은 중앙기록물관리기관(당시 정부기록보존소)의 장이 수집, 보존하고, ② 대통령 관련 기록물에 대한 무단폐기나 훼손, 반출을 금지하며, ③ 대통령 관련 기록물을 생산·접수한 공공기관은 대통령 관련 기록물의 수집·보존을 위해 매년 그 목록을 중앙기록물관리기관의 장에게 통보하고, ④ 중앙기록물관리기관에서 대통령 임기종료 6개월 전부터 종료까지 대통령 관련 기록물을 수집해 보존하거나, 차기 대통령에게 인계하도록 하였다. 즉 대통령기록물을 체계적으로 관리하기 위한 제도적 장치를 처음으로 마련한 것이다.

그러나 대통령기록물을 유출할 경우 회수 규정이 없었고, 법 제정 이전 역대 대통령의 개인 기록물에 대한 수집 근거가 없었으며, 차기 대통령에게 기록물을 인계하는 규정은 오히려 재임 대통령이 기록물을 생산하는데 부담을 주는 등 여전히 한계도 지니고 있었다.[10]

사실 공공기록물법 제정 이전인 1998년 4월에 이미 참여연대의 「대통령기록보존법」 입법 청원이 제기되는 등 학계와 사회단체를 중심으로 대통령기록물법의 제정이 논의되었다. 그러다가 2005년 10월 노무

---

[10] 국가기록원, 『대통령기록관리법 제정.공청회 토론자료집』, 2006, 4-6쪽.

현 대통령이 대통령기록 관련 입법을 지시함에 따라 정부혁신지방분
권위원회, 국가기록원, 대통령비서실을 중심으로 2005년 10월 '기록관
리혁신로드맵'을 수립하게 되었다.[11] 이를 기반으로 2006년 「공공기록
물법」을 전부개정하고, 2007년 「대통령기록물법」을 독립된 법령으로
제정하였다.

　2007년 제정된 「대통령기록물법」은 우선 대통령기록물이 국가소유
라는 원칙을 천명하고, 대통령기록물의 범위와 생산기관을 구체화하였
다. 공공기록물법상 대통령기록물의 범위를 확대하여 대통령의 국정수
행 과정을 누락 없이 기록화하였고 대통령기록물의 이관 등 구체적인
프로세스를 마련하였다. 대통령기록물이 공공기관 밖으로 유출되거나
이관되지 않은 경우 회수할 수 있는 근거를 마련하고, 일정 기간 기록
물을 보호할 수 있도록 지정기록물 제도를 마련하였다. 아울러 대통령
기록관을 의무적으로 설치하여 대통령기록물을 체계적으로 관리할 수
있게 되었다.


## 3. 한국의 대통령기록물 관리체계

### 1) 대통령기록물의 범주

　대통령 국정수행의 모든 과정의 기록물이 생산, 보존, 관리되기 위해
서는 대통령기록물의 범위를 정의하는 것은 매우 중요하다. 그렇다면
현행 대통령기록물법은 어떤 기록물을 관리대상으로 하고 있을까? 대

---

[11] 정상우, 『대통령기록물 관리에 관한 법률 제정의 의미와 향후과제』, 한국법제
연구원, 2008, 15-16쪽.

통령기록물법 제2조에 의하면, "대통령의 직무수행과 관련하여 ① 대
통령(대통령 권한대행과 대통령 당선인의 기록 포함), ② 대통령 보
좌·자문·경호기관 ③ 대통령직인수위원회에서 생산·접수 보유하는
기록물과 물품"을 말한다. 공공기록물법에서 규정된 '기록물'의 정의는
'공공기관이 업무와 관련하여 생산하거나 접수한 문서·도서·대장·
카드·도면·시청각물·전자문서 등 모든 형태의 기록정보 자료와 행
정박물'을 말한다. 아울러 국가적으로 보존가치가 있는 '대통령상징물'
과 공직자윤리법에 의한 '대통령선물'을 대통령기록물로 포함하고 있다.
　　과거의 규정에도 대통령 기록관리에 대한 내용이 있었으나, 대통령
직무수행의 전 과정을 아우르지 못하였다. 예컨대 1991년 「사무관리규
정」에서는 이관 대상 대통령기록물을 각 부처에서 생산한 '대통령 결
재문서와 보고문서'로 정의함으로써, 국정수행의 과정을 보여주는 기
록물을 대통령기록물의 범위에서 제외시켰다. 2000년 시행된 공공기록
물법에서는 대통령기록물을 '대통령과 그 보좌기관이 생산·접수한 기
록물'[12]로 규정함으로써 자문기관과 경호기관의 기록물이 대통령기록
물의 범주에서 누락되었다. 대통령기록물법에서는 이런 미비점을 보완
하여 자문기관과 경호기관을 포함하였고, 더 나아가 권한대행, 대통령
당선인, 대통령직인수위원회까지 그 범위를 확대하였다.
　　한편 민간으로 유실된 '개인 기록물'을 대통령기록물의 범주에 포함
시켜 국가적으로 수집, 관리할 수 있게 되었다. '개인기록물'이란 대통
령의 사적인 일기·일지 또는 개인의 정치활동과 관련된 기록물로 직
무와 무관하거나 그 수행에 직접 영향을 미치지 않는 대통령의 '사적인
기록물'을 말한다. 그리고 제정된 법률의 부칙 특례조항에서 "법 시행

---

12) 「공공기록물법」 제13조(대통령기록물관리).

이전의 전직 대통령과 생산기관이 직무수행과 관련해 생산한 기록물"
을 수집하여 관리할 수 있도록 하였다.13)

　요컨대 대통령기록물법에서는 대통령기록물 생산기관에서 생산한
'모든 형태의 기록물과 물품'을 대통령기록물로 정의하였고, 국가적으
로 보존가치가 인정되는 '대통령의 개인 기록물'과 '법 시행 이전 전직
대통령과 생산기관이 생산한 기록물'을 수집할 수 있도록 명기하였다.
이로써 당대 생산되는 기록물과 민간에 산재한 역대 대통령 관련 기록
물을 모두 대통령기록물로 관리할 수 있는 근거를 마련하였다.

## 2) 대통령기록물관리기관

　대통령기록물관리기관은 미국과 같은 대통령별 '개별 대통령기록관'
과 대통령기록물을 통합 관리하는 '통합 대통령기록관'의 두 가지 형태
가 있다. 현재 대통령기록물법에는 대통령기록물의 효율적인 보존·열
람 및 활용을 위하여 중앙기록물관리기관의 장은 그 소속에 대통령기
록관을 설치해야 한다고 규정(21조)하고, 특정 대통령의 기록물을 관리
하기 위해 필요한 경우 개별 대통령기록관을 설치할 수 있도록(25조)
규정하고 있다.

　이에 근거해 우리는 대통령 임기가 종료되면 관련 기록물을 이관받
아 관리하는 '통합 대통령기록관'을 설립하여 운영하고 있다. 통합 대
통령기록관은 기록문화가 척박한 단계에서 국정수행의 과정을 기록화
하는데 국가기록관리체계를 동원할 수 있으며, 중립적인 입장에서 전
직 대통령의 공과(功過)를 객관적으로 조명할 수 있다.14)

---

13) 「대통령기록물법」 부칙 제3조(이 법 시행 전의 대통령기록물의 관리에 관한
　　특례).

대통령기록물법이 제정되면서 대통령기록관의 설치가 의무화되자 2008년 5월 국가기록원(전 정부기록보존소) 나라기록관(성남)에 정식으로 개관하였다. 이후 2016년 1월 세종시의 독립청사로 이전, 개관한 대통령기록관은 총 7,600평(25,125㎡) 규모로 사무동과 기록물관리 작업장, 전시관, 열람실, 보존서고 등을 운영하고 있다. 대통령기록관은 대통령기록물법 제22조에 규정된 다음과 같은 업무를 수행한다.

〈표 1〉 대통령기록관의 기능

① 대통령기록물의 관리에 관한 기본계획의 수립·시행
② 대통령기록물의 수집·분류·평가·기술(記述)·보존·폐기 등
③ 비밀기록물 및 비공개 대통령기록물의 재분류
④ 대통령지정기록물의 보호조치 해제
⑤ 대통령기록물의 공개열람·전시·교육 및 홍보
⑥ 대통령기록물 관련 연구 활동의 지원
⑦ 개인기록물의 수집·관리 등

〈표 2〉 대통령기록관의 주요기능 및 업무[15]

| 주요 기능 | 주요 업무 |
|---|---|
| ① 수집·생산기관 지원 | ○ 대통령기록물의 빠짐없는 생산 및 이관을 위한 생산기관 기록관리 컨설팅<br>○ 역대 대통령기록물을 소장하고 있는 개인·단체 또는 기관 등 잠재적 기증자 관리를 통한 수집 |
| ② 관리·기술 체계 구축 | ○ 대통령기록물 고유의 관리·기술(記述) 체계 구축을 통한 효율적이고, 체계적인 보존 및 활용 지원<br>○ 대통령기록물 분류체계를 설계하고, 관련 규칙 및 지침 마련 |

| ③ 보존 · 복원<br>인프라 구축 | ○ 대통령기록물의 보존 인프라 및 복원 체계 구축을 통한<br>영구적 보존 · 관리<br>○ 국정 핵심기록물인 대통령기록물에 대한 보안강화를<br>통해 철저한 보호 |
|---|---|
| ④ 국민 친화적<br>서비스 체계 확립 | ○ 대통령기록관 소장기록물에 대한 열람 · 활용 · 전시 등<br>대국민 서비스 전직 대통령, 정책입안자(기록생산자), 연<br>구자 등 기록 관련 이용자를 위한 전문 열람환경 구축<br>및 학계 · 연구자 등을 위한 연구 프로그램 기획 · 운영 |

대통령기록관은 조만간 조직개편이 예정되어 있으나,[16) 2020년 5월 말 현재 5개과 1단(행정운영과, 기획제도과, 기록관리과, 기록서비스과, 보존복원과, 생산지원단)으로 운영되고 있다.

대통령기록관은 수집 및 이관된 대통령기록물을 관련 지침에 따라 정리 · 등록, 기술, 보존, 서비스하고 있다. 현재 대통령기록관에서는 생산기관의 '지도 감독 및 컨설팅, 생산현황 취합 · 분석 및 관리, 보존기간 책정기준 관리, 기록관리시스템, 데이터세트, 웹기록 등 전자기록관리' 등의 지원업무도 수행하고 있다.[17)

그런데 대통령기록관이 설립된 지 10여 년이 지난 현재 통합 대통령기록관의 장단점은 극명히 드러난다. 통합 대통령기록관의 장점은 대통령의 임기종료 후 이미 설립된 대통령기록관으로 기록물을 이관함으로써 인력과 예산이 추가로 소요되는 개별 기록관보다 효율적으로 기록물을 관리할 수 있다는 점이다. 반면, 통합 대통령기록관은 대통령별 균형과 정치적인 중립을 강조한 나머지 서비스 등에서 제약을 받을

---

15) 대통령기록관 웹사이트(www.pa.go.kr/portal/introduce) > 기관소개 > 주요기능 및 업무

16) 조직개편이 될 경우 1단은 폐지되고 5개과(행정기획과, 생산지원과, 기록관리과, 기록서비스과, 보존복원과)로 통합 운영될 예정이다.

17) 「대통령기록물 생산지원단 설치 · 운영에 관한 규정」(2019.1.9.)

수밖에 없다. 일례로 전시관에는 정치색이 배제된 기록물의 비중이 점차 증가하고 있다. 이것은 대통령별 호불호나 정치적 입장에 따라 전시 기록물의 의미를 과도하게 분석, 평가하는 우리 사회의 분위기가 반영된 것이다. 그러나 영구기록물관리기관인 대통령기록관은 역대 대통령의 국정철학이나 주요 사건 관련 기록물을 발굴하고 구조화시켜 일반 대중과 연구자에게 보여주어야 할 사명이 있다. 통합 대통령기록관의 기본이 균형과 중립성이지만 과거의 역사를 직시하여 미래를 조망케 하는 기록관의 설립 목적을 고려한다면 신중하게 검토해야 할 지점이다. 그래야만 대통령기록물에 대한 일반 시민이나 연구자의 관심이 증대되고, 더 나아가 통치기록에 대한 수요가 다양해질 것이다.

### 3) 대통령기록물의 공개와 지정기록물 제도

대통령기록물을 관리, 보존하는 것은 현재 혹은 미래세대에 공개하여 활용하는데 그 목적이 있다. 기록물을 활용하기 위해서는 먼저 기록이 생산되어야 하고 적절하게 관리[18]되어야 하며 정해진 절차에 의해 공개되어야 한다.

대통령기록물은 공개를 원칙으로 하되, 「공공기관의 정보공개에 관한 법률」(이하 정보공개법) 제9조 제1항의 비공개 대상 정보를 포함할 경우 비공개할 수 있으며, 공개절차는 동법에 따른다. 기록물의 공개여부는 생산기관에서 정한 후 이관하고, 비공개기록물은 이관일로부터 5년이 경과한 후 1년 내에 공개여부를 재분류하고, 최초로 재분류를 시행한 후 매 2년마다 공개여부를 재분류해야 한다. 비공개기록물이라도 생산연도 종료 후 30년이 경과되면 공개하되, 예외적으로 국가안보

---

18) 「대통령기록물법」 제7조(생산·관리의 원칙).

에 중대한 지장을 초래할 것이 예상되는 경우 비공개할 수 있다.[19]

한편 정치적으로 민감한 기록물을 일정기간 보호하기 위해 대통령
지정기록물 제도를 수립하였다. 대통령기록물법상 지정요건에 해당되
는 기록물을 이관 전에 대통령지정기록물로 지정하여, 15년의 범위 내
에서 열람과 사본 제작을 금지하고 다른 법률에 따른 자료 요구에 응
하지 않을 수 있도록 하였다. 특히 개인의 사생활과 관련된 기록물은
30년의 범위 내에서 보호하도록 하였다. 대통령기록물법 제17조에 규
정된 지정기록물의 요건은 다음과 같다.

<표 3> 대통령기록물법상 지정기록물의 요건

| 구분 | 주요내용 |
|---|---|
| ① | 법령에 따른 군사·외교·통일에 관한 비밀기록물로서 공개될 경우 국가 안전보장에 중대한 위험을 초래할 수 있는 기록물 |
| ② | 대내외 경제정책이나 무역거래 및 재정에 관한 기록물로서 공개될 경우 국민경제의 안정을 저해할 수 있는 기록물 |
| ③ | 정무직공무원 등의 인사에 관한 기록물 |
| ④ | 개인의 사생활에 관한 기록물로서 공개될 경우 개인 및 관계인의 생명·신체·재산 및 명예에 침해가 발생할 우려가 있는 기록물 |
| ⑤ | 대통령과 대통령의 보좌기관 및 자문기관 사이, 대통령의 보좌기관과 자문기관 사이, 대통령의 보좌기관 사이 또는 대통령의 자문기관 사이에 생산된 의사소통기록물로서 공개가 부적절한 기록물 |
| ⑥ | 대통령의 정치적 견해나 입장을 표현한 기록물로서 공개될 경우 정치적 혼란을 불러일으킬 우려가 있는 기록물 |

위와 같은 대통령지정기록물 보호제도는 미국의 제도와 가장 유사
한 것으로 보인다. 지정기록물의 6가지 요건이 미국 대통령기록의 접
근제한 요건과 유사하고, 뿐만 아니라 우리나라가 지정기록물의 보호

---

[19] 「대통령기록물법」 제16조(공개).

기간을 15년 이내, 미국이 12년 이하로 상정하여 3차례의 대통령 재임기에 해당하는 기간 동안 보호한다는 점에서 동일하다.[20]

지정기록물에 대해 예외적으로 "① 국회재적의원 3분의 2 이상의 찬성의결[21] ② 관할 고등법원장의 영장 발부 ③ 대통령기록관장의 사전승인을 받은 경우"에 최소한의 범위에서 열람, 사본제작 및 자료제출을 허용한다.

그러나 강력한 법적 제한을 마련했음에도 불구하고 지정기록물은 정치적 논란 속에 수차례 열람되었다. 2008년 '대통령기록 유출 논란'과 '쌀 직불금 관련 논란'으로 지정해제 되는 것을 시작으로 이후에도 수차례 열람된 바 있다. 정치적·외교적으로 민감한 대통령기록물을 일정기간 보호함으로써 대통령기록물을 생산할 수 있도록 보장하고, 무단 파기나 반출, 정치적 혼란을 방지할 것을 기대했으나, 입법 취지가 무색해진 현실이다.


## 4. 한국의 대통령기록물 이관 및 관리

### 1) 이관현황

대통령기록물관리체계는 관리대상, 관리기관, 공개 및 보호장치 이

---

[20] 김유승, 「대통령기록의 보호와 공개를 둘러싼 쟁점과 제도적 과제」, 『한국기록관리학회지』 제13권 제2호, 2013, 14-15쪽.

[21] 국회의원 재적 2/3의 의결정족수가 필요한 경우는 ①대통령에 대한 탄핵소추 의결(헌법 제65조 제2항) ②헌법개정안에 대한 국회의결(헌법 제130조 제1항) ③국회의원 자격상실 의결(국회법 제142조 제3항)로 이것은 지정기록물에 대한 가장 강력한 법적 보호조치이다.

외에도 다양한 측면에서 살펴볼 수 있는데, 여기서는 대통령기록물법이 제정된 이후 대통령기록물법에 규정된 대통령기록물 관리와 이관을 중심으로 구체적으로 살펴보고자 한다. 대통령기록물 관리에 관한 사항은 다른 법률에 우선하여 대통령기록물법을 적용하되, 이 법률에 규정되지 않는 사항에 대해서는 공공기록물법을 적용한다. 법률 제정의 선후를 보더라도 공공기록물법과 대통령기록물법은 일반법과 특별법의 관계에 있음을 알 수 있다.

대통령기록물법에 규정된 기록물관리에 대해 살펴본다면, 대통령기록물 생산기관에서는 대통령의 직무수행과 관련한 모든 과정 및 결과가 기록물로 생산 관리되도록 해야 하고[22] 중앙기록물관리기관에서는 대통령기록물을 철저하게 수집·관리하고 충분히 공개, 활용할 수 있도록 해야 한다고 규정하였다. 아울러 대통령기록물의 전자적 생산 관리 원칙을 확립하고자 전자적 형태로 생산되지 않은 기록물에 대해서도 전자적으로 관리하도록 하였다.[23] 그렇다고 원본 문서를 폐기할 수 있다는 것은 아니며 공개와 활용의 편리성을 제고하고, 원본이 훼손될 것에 대한 대비책으로 보존성을 높이는 것이다.[24]

대통령기록물법상 대통령기록물생산기관에서의 기록관리는 기록관에서 담당하도록 되어 있다. 동법 시행령에 따르면, 기록관은 대통령비서실, 국가안보실, 대통령경호처, 국민경제자문회의, 국가안전보장회의, 국가과학기술자문회의 및 민주평화통일자문회의, 그밖에 대통령기록관의 장이 기록관 설치가 필요하다고 인정하여 대통령기록물생산기관의 장과 협의하여 지정한 대통령 자문기관에 설치한다.

---

[22] 「대통령기록물관리법」 제7조(생산, 관리원칙).
[23] 「대통령기록물관리법」 제8조(전자적 생산·관리).
[24] 한국법제연구원, 『대통령기록물 관리제도 연구』, 2015, 55쪽.

  기록관은 대통령기록물을 원활하게 수집하고 이관하기 위해서 매년 대통령기록물의 생산현황을 생산기관으로부터 취합하여 대통령기록관에 통보해야 한다. 생산현황 통보는 업무수행의 모든 과정과 결과가 기록물로 제대로 남겨지고 무단으로 폐기하지 않도록 하는 일종의 통제 장치로 영구기록물관리기관에서는 이에 근거해 향후 서고 및 스토리지 확보 등에 활용할 수 있다. 통보된 생산현황을 근거로 대통령기록물생산기관에서 생산된 기록물을 소관 기록관으로 이관하고, 기록관은 대통령의 임기 종료 전까지 이관대상 기록물을 대통령기록관으로 이관하도록 규정되어 있다.[25) 그러나 대통령경호기관에서 업무수행에 활용하기 위해 이관시기를 연장하려는 경우 대통령기록관에 이관시기의 연장을 요청할 수 있으며, 이관시기를 따로 정할 수 있다.

  대통령기록물법 제11조에는 대통령 임기종료 6개월 전부터 이관을 준비하도록 규정되어 있고, 대통령기록관은 통상 대통령 임기 4년차 되는 해에 '이관추진단'을 구성한다. 이관추진단에서 생산기관별로 교육을 실시하고, 이관과정에서 발생할 수 있는 문제점을 최소화하기 위해 실무협의를 추진한다. 비전자 기록물의 건별 관리정보가 누락되지 않도록 생산기관에 요청하고, 전자기록물 이관을 위해 대통령기록물관리시스템의 인수규격을 수정하고 신규설계를 추진하는 한편 이관을 위한 관련 표준 및 규격을 분석하는 등 기록물 인수를 준비한다.

  이후 생산기관은 이관대상 기록물을 분류, 정리, 인계하고, 대통령기록관은 대통령비서실에 2~3명의 인력을 파견하는 한편 정리용품을 지원하여 최종적으로 기록물을 인수받는다. 가장 최근에 이관을 수행했던 제18대 이관추진단의 현황은 다음과 같다.

---

25) 「대통령기록물법」 제11조(이관).

<표 4> 제18대 이관추진단 구성 및 운영

| 구분 | 수 행 업 무 |
| --- | --- |
| 총괄반(4) | 대통령기록관 이관상황 점검/ 생산기관 이관일정 협의 및 이관 |
| 전자기록반(8) | 생산기관 현황 점검, 현장방문 컨설팅/ 전자기록 이관, 기술사항 점검, 이관테스트, 이송 |
| 비전자기록반(9) | 생산기관 준비현황 점검, 현장방문 컨설팅/ 생산기관 이관 실무 지원(정리용품 배부), 포장, 이송 |
| 지정기록반(4) | 지정·비밀기록물 현황파악, 세부기준, 지정절차, 암호/복호화, 이관방안 확정, 이송 |
| 서고반(5) | 서고 공간 확보, 이송 하역 지원 |
| 지원반(6) | 국회·언론 대응, 예산지원 등 |

※ ( )의 숫자는 소속 인원임

2017년 3월 대통령 탄핵이라는 초유의 사태에 직면해 제18대 대통령기록물 이관 추진단을 6개 반, 36명으로 구성하였다. 1차 이관은 2017년 4월 17일부터 5월 9일까지 대통령비서실·경호실·자문기관의 전자·비전자기록물을, 2차 이관은 2017년 5월 12일부터 5월 19일까지 대통령비서실을 제외한 자문기관 등에서 추가 생산, 접수한 기록물을 이관하였다. 이것은 역대 이관 중 가장 단기간에 이루어진 사례이다.

대통령기록물 이관은 국정 최고통치기록이라는 중요성과 특수성 때문에 대중의 관심사가 되어 왔다. 그래서 이관이 종료되는 시점에 대통령기록관은 생산기관별, 기록물 유형별 이관현황 자료를 공식적으로 언론에 배포해 왔다. 제18대 기록물 이관 시 배포된 자료[26]에 근거해 대통령기록물법 제정 이후 3차례에 걸친 이관현황을 대략적으로 살펴보기로 하겠다.(<표 5> 참조) 이관된 기록물은 정리·등록 후 그 수량

---

[26] 대통령기록관 웹사이트(www.pa.go.kr) > 기관소개 > 기록관소식 > 언론보도 > '제18대 대통령기록물 1,106만 건 대통령기록관으로 이관'(등록일 2017.5.12.)

<표 5> 제16대~제18대 대통령기록물 이관현황

('17.5.9. 기준, 지정·비밀 포함)

| 기관 | 기록물 유형 | | 제16대 | 제17대 | 제18대 |
|---|---|---|---|---|---|
| 대통령<br>비서실 | 전자<br>기록물 | 전자문서 | (E지원)464,161 | (위민)245,209 | 247,584 |
| | | 행정정보데이터세트 | 643,310 | 3,360,671 | 3,079,058 |
| | | 웹기록 | 1,723,896 | 1,018,779 | 791,699 |
| | | 시청각 기록 | 699,644 | 1,376,632 | |
| | 비전자<br>기록물 | 종이문서 | 264,368 | 236,910 | 126,827 |
| | | 정책간행물 | 15,152 | 3,064 | 325 |
| | | 대통령선물·행정박물 | 8,670 | 2,070 | 1,285 |
| | | 시청각·전자매체 | | | 1,517,705 |
| | 소 계 | | 3,819,201 | 6,243,335 | 5,764,483 |
| 대통령<br>경호실 | 전자<br>기록물 | 전자문서·데이터세트<br>·웹기록·시청각 | 9,054 | 61,762 | 1,041,323 |
| | 비전자<br>기록물 | 종이문서·간행물·<br>행정박물 | 2,694 | 500 | 1,716 |
| | 소 계 | | 11,748 | 62,262 | 1,043,039 |
| 자문<br>위원회 | 전자<br>기록물 | 전자문서·데이터세트<br>·웹기록·시청각 | 434,418 | 717,548 | 1,419,394 |
| | 비전자<br>기록물 | 종이문서·간행물·<br>행정박물·시청각 | 397,362 | 199,491 | 71,319 |
| | 소 계 | | 831,780 | 917,039 | 1,490,713 |
| 공감코리아/국정<br>브리핑/정책브리핑 | 웹기록 | | 3,538,700 | 3,671,917 | 2,765,132 |
| 대통령직<br>인수<br>위원회 | 전자<br>기록물 | 전자문서·시청각·<br>웹기록 | 213 | 44,811 | 78,252 |
| | 비전자<br>기록물 | 종이문서·간행물·<br>행정박물 | 11,274 | 7,084 | *5,291 |
| | 소 계 | | 11,487 | 51,895 | 83,543 |
| 합 계 | | | 8,212,916 | 10,946,448 | 11,146,910 |

※ 보도자료 중 제16대~제18대 대통령기록물 이관현황을 종합하여 작성
※ 지정기록물 현황 : [16대] 약34만건(전자18만, 비전자16만), [17대] 약26만건(전자7만, 비전자19만), [18대] 약20만 4천건(전자10만 3천, 비전자10만 1천)

이 변동되지만, 그럼에도 불구하고 생산기관별, 유형별 기록물의 이관 경향을 전체적으로 파악할 수 있다는 점에서 유용하다 할 것이다.

대통령기록물법 제정 이후 대통령기록관은 제16대에서 제18대 대통령까지 총 3차례에 걸쳐 이관을 추진하였고, 그 결과 이관량은 총 3천만여 건에 이른다. 기록물 유형으로는 문서, 시청각, 행정박물, 선물, 웹기록, 행정정보데이터세트 등 다양한 형태의 기록물이 이관되었다. 이들 기록물을 대통령비서실, 대통령경호실, 자문위원회별로 살펴보면 이관량이 전반적으로 증가한 것을 알 수 있다. 그런데 이것은 이전 정부의 이관량을 감안해서 후임 정부가 이관한 결과로 보인다. 전체적으로 볼 때 전자기록물의 수량이 비전자기록물보다 많다.

제16대에서 제18대까지 대통령비서실에서 이관된 문서(전자문서·종이문서)가 가장 많은 시기는 제16대 재임기로 총728,529건을 이관하였고, 제17대는 482,119건, 제18대는 374,411건으로 점차 감소하였다. 한편 제16대 기록물 수량과 비교했을 때 제17대 기록물의 증가분은 행정정보데이터세트의 이관 수량이 절대적으로 증가한 결과이다.(16대, 643,310건 → 17대, 3,360,671건) 대통령경호실의 이관량은 전체 이관량에서 차지하는 비중이 적으나, 역시 제16대(11,748건), 제17대(62,262건), 제18대(1,043,039건) 순으로 증가하고 있다. 제18대 대통령경호실의 이관량이 급격히 증가한 것은 행정정보데이터세트와 웹기록 등 전자기록물의 수량이 급격히 증가한 결과이다.

자문위원회는 재임기별로 보통 20개 이상의 기관으로 구성되는데, 제16대 자문기관의 기록물 이관부터 이미 전자기록물의 수량이 비전자기록물의 수량보다 많고, 전체 수량도 증가 하고 있다. 그런데 이 수량이 웹 기록까지 포함된 것을 감안한다면, 기관 당 기록물의 수량은 결코 많다고는 볼 수 없다. 이관 기록물 중 자문기관이 차지하는 비율은 제16대 이관 기록물의 10.1%, 제17대 이관 기록물의 8.3%, 제18대 이관 기록물의 13.4%를 차지한다.[27]

　이렇게 이관된 기록물은 정리기술지침에 따라 정리·등록하고 최종적으로 대통령기록물관리시스템(PAMS)에 탑재한다. 이 과정에서 철건의 변동이 발생하여 이관 수량과 관리 수량은 차이가 나게 된다. 이후 '공개재분류', '보존기간 재평가' 등 법적으로 이행해야 할 프로세스를 수행한다. 현재 대통령기록관 웹사이트(http://www.pa.go.kr)에 게재된 소장 통계는 2019년 12월말 기준, 31,270,623건으로 문서류, 시청각, 행정박물, 행정정보데이터세트, 웹기록, 간행물을 포함하고 있다. 여기에는 대통령기록물법 제정 이후 수집·이관된 기록물의 수량과 대통령기록관 설립 이후 국가기록원으로부터 관리전환 받은 대통령기록물 등이 모두 포함되어 있다.

## 2) 이관 및 관리의 제문제

　그렇다면 대통령기록관이 이관받아 관리하는 기록물은 어떤 양상을 보이고 있을까? 먼저 이관이 거듭될수록 보존기간이 단기로 책정된 한시기록물의 비중이 증가하고 있다는 점이다. 공공기록물법상 국가기록원으로의 이관 대상을 '보존기간 30년 이상'으로 분류된 기록물로 제한한 반면, 대통령기록물법에서는 이관 대상 기록물에 대한 보존기간의 제한이 없다. 이 때문에 보존기간이 단기로 책정된 한시기록물까지 모두 이관될 수밖에 없고, 그 비중이 계속 증가하고 있다.

　보존기간이 경과된 한시기록물은 대통령기록관리전문위원회의 심의

---

[27] 웹기록은 현재 대통령기록관 웹사이트(http://www.pa.go.kr)에서 대통령 재임기별로 서비스되고 있다.

를 거치고, 관보 또는 정보통신망에 고시한 이후 폐기하도록 규정되어 있다. 그런데 그간의 보존기간의 재평가 과정은 보존기간이 만료된 한시기록물 중 폐기 대상을 선별하기보다는 가치 있는 기록물을 추가로 선별하여 보존기간을 재책정하는 경향이 있었다. 그래서 이관이 거듭될수록 보존기간이 단기인 한시기록물의 비중이 증가될 수밖에 없다.

둘째, 생산단계의 관리정보가 없는 기록물이 상당수 존재하고 있는 점이다. 법령상으로는 생산기관에서 기능분류체계에 근거한 단위과제에 보존기간을 정하고 기록철을 분류한 후, 기록건 별로 공개유형을 정하여 이관하도록 되어 있다. 생산기관에서 책정한 관리정보는 이관 후에도 기록관리 프로세스의 기준이 되는데, 전자적으로 생산되지 않은 기록물은 생산기관이 작성하지 않으면 대통령기록관에서 관리정보를 획득하기가 현실적으로 어렵다. 유형별로 본다면 전자문서보다는 종이문서, 행정박물, 간행물 등의 관리정보를 획득하기 어려우며, 이관 시점별로 본다면 대통령 임기종료 후의 정기이관보다는 추가이관 기록물의 관리정보를 획득하기가 더욱 어렵다.

생산단계의 관리정보를 알 수 없는 대표적인 사례는 기록물의 '보존기간'이나 '공개유형'이 없는 경우이다. 이들 기록물은 필수정보가 없으므로 정리·등록 단계부터 어려움을 겪는다. 기록물의 보존기간이 없을 경우 보존기간 만료 시 수행하는 기록물 재평가의 시점을 산정하기 어렵고, 보존가치가 낮은 기록물임에도 폐기시점을 확정하기 어렵다. 또한 공개 값이 미책정된 기록물은 공개 재분류에 더 많은 시간을 소요하게 한다. 그 결과 기록관리 프로세스의 어느 한 단계에 머물러 대외적인 서비스가 지연되는 등 장기간 활용하지 못하는 요인이 된다.

셋째, 대통령기록물 중 단순 반복적인 행정정보데이터가 차지하는 비중이 매우 높다는 점이다. 우리는 기록관리를 법제화하는 과정에서

기관의 핵심기능이나 업무와의 관련성 등 기록물이 지니는 '가치적 속
성'보다는 외형적인 기록매체의 '유형'을 지정[28]하고 해당 기록물 일체
를 이관대상으로 하였다. 이 때문에 전자기록의 일종인 행정정보데이터
세트와 웹기록이 대량으로 이관되면서 대통령기록관의 소장량을 대폭
증가시키는 요인이 되었다. 대통령기록물법 제정 이전인 15대 대통령
재임기에 이미 범정부차원에서 행정정보시스템을 구축했던 사실을 고려
한다면, 15대 대통령기록물의 7%가 이미 행정정보데이터세트라는 사
실은 놀라운 일이 아니다. 이후 제16대 기록물의 11%, 제17대 기록물의
30%, 제18대 기록물의 44%가 행정정보데이터세트이다. 여기에 이관된
웹기록의 수량까지 합산한다면 그 비중은 더욱 더 증가한다. 그러나 데
이터세트를 이관하면서 직원의 '식수관리'나 '전산소모품 관리' 등과 같
이 일상적이고 반복적으로 축적되는 데이터나 물품관리 데이터 등을
모두 포함시키면서 이관 기록물 전반의 질적인 저하를 초래하였다.[29]

〈표 6〉 대통령기록관 소장 기록물 현황[30]

(2019.12.31. 기준)

| 유형<br>대통령 | 합계<br>(건) | 문서류 | | 시청각<br>(전자+비전자)<br>(장/건) | 행정박물<br>(선물포함)<br>(점) | 행정정보<br>데이터세트<br>(건) | 웹기록<br>(건) | 간행물,<br>도서 등<br>(권/개) |
|---|---|---|---|---|---|---|---|---|
| | | 비전자<br>(건) | 전자<br>(건) | | | | | |
| 이승만 | 94,225 | 25,070 | | 65,198 | 16 | | | 3,941 |
| 허 정<br>(권한대행) | 288 | 173 | | | | | | 115 |

28) 이정은, 박민, 윤은하, 「독일 '연방기록물관리법' 분석을 통한 독일 기록관리
    법제 연구」, 『기록학연구』 제61호, 2019, 90쪽.
29) 물론 이것은 기록관리법령이 종이문서에 기반하여 식별단위를 철건으로 상정
    하고, 이를 전자기록에도 일률적으로 적용한 때문이다. 그럼에도 이들 기록
    물이 대통령기록관으로 이관되면서 보존가치가 없는 기록물의 수량이 대폭
    증가한 것은 부인할 수 없는 사실이다.

| | | | | | | | | |
|---|---|---|---|---|---|---|---|---|
| 윤보선 | 3,643 | 3,044 | | 287 | | | | 312 |
| 박정희 | 75,690 | 60,541 | | 13,986 | 623 | | | 540 |
| 최규하 | 36,439 | 11,149 | | 19,453 | 2,294 | | | 3,543 |
| 박충훈 (권한대행) | 49 | 48 | | | 1 | | | |
| 전두환 | 97,855 | 43,058 | | 53,579 | 644 | | | 574 |
| 노태우 | 47,230 | 39,497 | | 7,081 | 388 | | | 264 |
| 김영삼 | 133,961 | 97,221 | | 31,942 | 3,178 | | | 1,620 |
| 김대중 | 807,217 | 315,822 | | 18,726 | 2,147 | 56,877 | 411,876 | 1,769 |
| 노무현 | 7,863,229 | 549,260 | 701,717 | 739,619 | 2,756 | 883,921 | 4,971,158 | 14,798 |
| 고건 (권한대행) | 1,845 | 257 | | 1,546 | | | | 42 |
| 이명박 | 10,879,864 | 436,830 | 592,123 | 1,407,352 | 3,496 | 3,298,129 | 5,134,137 | 7,797 |
| 박근혜 | 11,229,088 | 175,352 | 545,688 | 1,587,211 | 1,349 | 4,985,022 | 3,931,042 | 3,424 |
| 총계 (건) | 31,270,623 | 1,757,322 | 1,839,528 | 3,945,980 | 16,892 | 9,223,949 | 14,448,213 | 38,739 |

주 1) '건', '권', '장', '점', '개' 등 단위는 '건'으로 합산
   2) 웹기록에는 16대 국정브리핑(3,538,700건), 17대 공감코리아(3,671,917건), 18대 정책브리핑(2,789,002건) 각각 포함
   3) 제17대, 제18대(황교안 권한대행 포함)는 정리 · 등록 완료 후 변경될 수 있음

넷째, 재임기별 대통령지정기록물의 수량이 많다는 점이다. 대통령지정기록물의 수량을 각 재임기 대통령비서실의 문서류(전자문서 · 종이문서)의 이관수량과 비교[31]하면, 그 비중이 점차 증가하는 것을 알 수 있다. 앞서 제시한 제18대 이관 시 배포한 보도자료에 따르면, 재임기별 지정기록물의 수량은 제16대 약 34만 건, 제17대 약 26만 건, 제18

---

30) 대통령기록관 웹사이트(www.pa.go.kr)〉기록물 검색 > 기록물 현황
31) 지정기록물이 '내부결재'나 '보고서' 등 문서가 다수라는 가정하에 주요 대통령기록물 생산기관인 대통령비서실의 문서류와 수량을 비교했으나, 실제 문서류 이외의 시청각 기록 등 다른 유형의 기록물도 지정기록물로 지정되었다.

대 20만 4천 건으로, 이는 16대 문서류(728,529건)의 46%, 17대 문서류
(482,119건)의 53%, 18대 문서류(374,411건)의 54%에 이르는 수량이다.[32]
이를 표로 정리하면 다음 〈표 7〉과 같다.

<표 7> 지정기록물의 현황

| 구분 | 문서류* | 지정기록물 | 지정기록물 비율 | 비 고 |
|---|---|---|---|---|
| 16대('03.2~'08.2) | 728,529건 | 340,000건 | 46% | 재임기간 5년 |
| 17대('08.2~'13.2) | 482,119건 | 260,000건 | 53% | 재임기간 5년 |
| 18대('13.2~'17.3) | 374,411건 | 204,000건 | 54% | 재임기간 4년 |

* 〈표 5〉 대통령비서실의 '전자문서'와 '종이문서'를 합산하여 산정

　여기에 숫자의 함정이 있다. 표면적으로는 지정 기록물의 수량이 많
고 비율도 증가되는 것으로 보이지만, 실제 내용을 보면 대통령지정기
록물의 지정사유와 정보공개법상 '비공개사유'를 구분하지 못했거나,
기록관리 외적인 요인 등이 작용한 것으로 추정된다. 따라서 대통령기
록물 생산기관에서는 이관 전 지정요건에 부합하는 기록물만을 지정
기록물로 선정해야 할 것이다. 일반 기록물을 지정 기록물로 잘못 지
정할 경우, 생산기관에서 책정한 대로 15년 이내의 범위에서 비공개하
게 된다. 지정기록물로 분류된 기록물은 지정 업무 담당자 이외에는
접근이 불가능하여, 대통령기록물관리시스템(PAMS)에서 검색되지 않
는다. 만약 누군가 해당 기록물에 대한 정보공개를 청구한다면, 정보의
'부존재'를 통지받게 될 것이다. 또한 지정기록물은 법령상 일반 기록
물에 비해 관리조건과 절차 등이 까다롭게 규정되어 오 지정된 기록물

---

[32] 논의를 단순화시키기 위해 대통령비서실의 문서류와 지정기록물의 수량을 비
교하였으나, 이관된 기록물의 정리·등록 단계에서 수량이 변동되며, 기록물
유형별 정리방식에 따라 기록물의 수량이 증감될 수 있다.

은 기록관리의 효율성을 대폭 저하시킨다.

마지막으로 대통령기록물법에는 역대 대통령의 '개인기록물'과 '법 시행 이전의 전직 대통령과 생산기관에서 생산한 직무수행 관련 기록물의 수집'이 규정되었지만, 충실하게 추진되지 못하고 있는 실정이다. 정부수립 이후 50여 년이 지나 공공기록물법이 제정되고 60여 년이 지나 대통령기록물법이 시행된 것을 고려한다면, 민간에 산재한 기록물의 수집 또한 시급한 과제이다.

개관 이후 대통령기록관에서는 소재정보 조사 이후 주로 전직 대통령 소장 기록물을 기증받거나, 기증행사를 통해 관련 기록물을 수집하였으며, 연도별 수집현황은 다음과 같다.

〈표 8〉 연도별 역대 대통령 관련 기록물 수집현황[33]

(2019. 12. 31. 기준, 단위(건))

| 연도<br>수량 | 계 | 2009 | 2010 | 2011 | 2012 | 2013 | 2014 | 2015 | 2016 | 2017 | 2018 | 2019 |
|---|---|---|---|---|---|---|---|---|---|---|---|---|
| 기증 | 136,615 | 67 | 25,563 | 1,959 | 27,908 | 43,664 | 22,813 | 2,028 | 10,017 | 1,729 | 860 | 7 |

이와 같은 민간 기록물의 실제 수집과정에서 과거에 생산된 공문서가 발견되거나, 이관 기록에서 발견되지 않았던 역사적으로 중요한 기록물이 발굴되기도 한다. 이들 기록물 또한 관련 정보가 없어 정리 단계에서 많은 시간이 소요되며, 보존상태 역시 좋지 않다. 그래서 민간에 산재한 기록물이 더 훼손되고 망실되기 전에 법제화 이전에 생산된 기록물을 조속히 수집해야 한다.

그런데 대통령기록관은 적은 인력으로 이관에서 정리, 보존, 서비스

---

[33] 역대 대통령 관련 기록물 수집 현황은 국가기록원 홈페이지 참조.

에 이르는 전 과정을 수행하다 보니 대통령 임기 종료 후 이관 또는 이관된 기록물이 정리되는 시기에 수집업무를 중단하는 경우가 많다. 향후 민간 기록물을 체계적으로 수집하기 위해서는 잠재적인 기록물 소장자(단체)와 지속적인 네트워크를 구축하여, 사전조사와 수집을 연속성 있게 추진해야 할 것이다. 그래야만 기록관리가 이루어지지 않았던 지난 수십 년간의 국정통치의 주요기록을 수집하여 과거의 역사를 규명하고 복원할 수 있을 것이다.

## 5. 한국 사례의 특징과 시사점

2007년 대통령기록물법이 제정되면서 우리는 대통령기록물 관리체계의 근간을 마련하였고 지금까지 괄목할 만한 성장을 이루었다. 정책입안에서 결정에 이르기까지 업무수행의 전 과정을 기록으로 남기려는 과제는 모든 유형의 기록물을 전부 '기록화'하는 방향으로 나아갔고, 3차례 이관으로 대통령기록관은 3천만 건 이상의 기록물을 소장하게 되었다.

그러나 정식 이관이 종료될 무렵 발표되는 대통령별 이관현황은 마치 '일 잘하는 정부', '책임있는 정부'의 지표로 인식되었고, 이로 인해 생산기관에서는 기록의 '질'과 관계없이 경쟁적으로 많은 기록물을 이관했던 경향이 있다. 앞서 언급한 바와 같이 생산기관에서 단순 대장류의 행정정보데이터세트를 이관함으로써 많은 기록물을 생산, 이관한 것으로 인식되었다. 그러나 그간의 정보공개 처리현황을 보면 평상시 데이터세트에 대한 정보공개나 열람 청구는 전무하고, 대부분 기록물의 가치 또한 매우 낮은 것으로 평가되고 있다. 따라서 대통령기록물

을 이관할 경우 가치가 낮은 행정정보데이터 등의 이관은 적절히 제외
되어야 하며, 기록물 유형별로 통계를 산정하는 방식도 다시 검토해야
한다.[34] 대통령별로 이관량을 단순 비교하는 것은 결과적으로 기록관
리 수준을 저하시키는 요인이 되었기 때문이다.

그리고 법령상 명기된 기록물 유형 전체를 이관받아 대통령기록관
에서 관리해야 한다는 명제는 결과적으로 '평가'나 '선별'의 과정을 약
화시켰다. 그래서 이관된 기록물을 모두 등록하였고, 이후에도 이관된
기록물을 선별하여 평가·폐기하기보다는, 한시기록물의 보존기간을
상향 조정하는 형태의 재평가를 추진하기도 하였다. 그런데 영구기록
물관리기관으로서 국정통치의 핵심기록을 보존, 서비스하기 위해서는
우선 생산기관에서 가치 있는 기록을 최대한 많이 이관해야 하겠지만,
대통령기록관도 이관된 기록물에 대한 적극적인 평가와 선별을 추진
하여 주요 기록물의 관리에 역량을 집중해야 할 것이다.[35] 그래야만
가치 있는 정보자산을 미래 세대에 전승할 수 있게 될 것이다.

다음으로, 대통령기록물의 정치쟁점화 문제이다. 예컨대 '대통령기
록 유출'이나 '남북정상회담 대화록' 열람 논란 등은 대통령기록물법에
근거해 여러 논점이 제기되면서 당시 모든 정치적 논란의 중심에 서게

---

[34] 이와 관련하여 데이터세트에 대한 이관단위와 범위에 대해 논의가 진행되었
고, 차기 이관 시에는 변화가 예상된다.

[35] 뿐만 아니라 새로운 유형의 기록물에 대해 이관을 면밀하게 준비해야 한다.
예를 들면 현재 SNS나 e-mail, 행정정보데이터세트 등의 이관이 논의되고 있
으며, 향후 새로운 유형의 기록물도 이관될 것이다. 그런데 새로운 유형의 기
록물을 이관하기 위해서는 정보적 가치를 판단하는 것이 선결과제이다. 그리
고 이관 이전에 기록물의 특성을 고려하여 이관부터 서비스에 이르는 특화된
프로세스를 만들어야 한다. 이런 준비가 없다면 과거 이관사례에서 보듯이
기록물관리기관은 미래에 활용할 수 없는 기록물이 점차 증가하여 결국 이용
자는 감소하게 될 것이다.

되었다. 이후에도 여러 차례 대통령기록물이 정쟁의 도구로 변질되는 사례를 목도해 왔다. 지정기록물의 이관 수량이 매번 많은 비중을 차지하는 것은 이런 정치적 상황과 무관하지 않을 것이다. 이것은 우리나라 대통령 기록관리의 현주소를 보여주고 있다. 기록을 생산한 후 보존해야 하지만, 정권이 교체되면서 야기되는 정치적 후환 때문에 지정기록물 제도에 과도하게 의존할 수밖에 없는 것 또한 현실이다.

이런 측면에서 본다면 우리는 기록관리의 법과 제도를 만들어 국정 수행의 전 과정을 기록화하려는 등 단기간에 양적으로 성장하였으나, 기록에 대한 사회적 인식은 그 수준을 따라가지 못하는 것 같다. 대통령지정기록물의 접근 제한을 12년으로 책정하였으나, 후임 대통령이 전직 대통령에게 지정 기록물을 요구한 사례가 없었다[36)]는 미국의 사례는 경이롭기까지 하다. 이제 양적인 성장과 함께 우리사회 전반의 기록에 대한 인식이 함께 변화, 발전해야 할 때이다.

---

36) 노명환, 조민지, 이정연, 「국정통치기록의 이관에 관한 국제비교 미국, 독일, 프랑스의 비교를 중심으로」, 『역사문화연구』 제48집, 2013, 164쪽.

【 참고문헌 】

국가기록원, 『대통령기록관리법 제정 공청회 토론자료집』, 2006.

국가기록원, 『국가기록원 40년사』, 2009.

대한민국정부, 『행정백서』, 1984.

곽건홍, 『아카이브와 민주주의』, 선인, 2014.

곽건홍, 『동아시아의 아카이브 비교연구』, 선인, 2016.

김유승, 「대통령기록의 보호와 공개를 둘러싼 쟁점과 제도적 과제」, 『한국기록관리학회지』 제13권 제2호, 2013.

김현진, 「독일 기록관리 담론에서의 평가론」, 『기록학연구』 제14호, 2006.

노명환, 조민지, 이정연, 「국정통치기록의 이관에 관한 국제비교 미국, 독일, 프랑스의 비교를 중심으로」, 『역사문화연구』 제48집, 2013.

서혜란, 「한국 공공기록관리 정책의 연대기적 검토」, 『한국기록관리학회지』 제9권 제2호, 2009.

설문원, 「디지털 전환 시대의 공공기록정책」, 『기록학연구』 제63호, 2020.

오세라, 박승훈, 임진희, 「행정정보 데이터세트 사례 조사 연구」, 『한국기록관리학회지』 제18권 제2호, 2018.

오세라, 이혜영, 「행정정보 데이터세트의 기록관리 방안」, 『한국기록관리학회지』 제19권 제2호, 2019.

이경용, 「한국 기록관리체제 성립과정과 구조 - 정부기록보존소를 중심으로 -」, 『기록학연구』 제8호, 2003.

이규철, 「행정정보시스템 데이터세트의 이해와 기록관리 고려사항」, 『기록인(IN)』 제37호, 국가기록원, 2016.

이승일, 「1960년대 초반 한국 국가기록관리체제의 수립과정과 제도적 특징」, 『한국기록관리학회지』 제7권 제2호, 2007.

이승일, 「1980~90년대 국가기록관리체제의 개편과 제도적 특징」, 『한국기록관리학회지』 제8권 제2호, 2008.

이영남, 「1950~60년대 국가행정체계의 재편과 성격 : 1957-1963」, 서강대학교 사학과 박사학위논문, 2005.

이원규, 『기록관리법령』, 선인, 2015.

이정은, 박민, 윤은하, 「독일 '연방기록물관리법' 분석을 통한 독일 기록관리법제
　　　연구」, 『기록학연구』 제61호, 2019.

이진룡, 주현미, 임진희, 「차세대 기록관리를 위한 법체계 개선방안 연구」, 『기록
　　　학연구』 제55호, 2018.

정상우, 『대통령기록물 관리에 관한 법률 제정의 의미와 향후과제』, 한국법제연
　　　구원, 2008.

조은희, 임진희, 「행정정보 데이터세트 기록의 선별 기준 및 절차 연구」, 『기록
　　　학연구』 제19호, 2009.

홍원기, 「대통령 기록물의 수집 · 이관 제도에 관한 연구」, 한국외국어대학교대학
　　　원 정보 · 기록학과 석사학위논문, 2004.

한국국가기록연구원, 건우사 종합건축사무소, 뮤지엄스코리아, 『대통령기록관
　　　설치 · 운영방안 연구』, 국가기록원, 2007.

한국기록학회, 『기록관리법 10년 – 한국 기록관리의 현황과 전망 –』, 제9회 한국
　　　기록학회 학술심포지움, 2009.

한국법제연구원, 『대통령기록물 관리제도 연구』(대통령기록관 연구용역 최종보
　　　고서), 2015.

〈관련법령〉
정부처무규정(대통령훈령 제1호, 1949.7.15.)

정부공문서규정(각령 제1645호, 1963.11.20.)

공문서보관 · 보존규정(각령 제1759호, 1963.12.16.)

정부공문서규정(대통령령 제12222호, 1987.8.1.)

대통령기록물관리에 관한 법률(법률 제8395호, 2007.4.27.)

공공기관의 기록물관리에 관한 법률(법률 제5709호, 1999.1.29.)

대통령기록물 생산지원단 설치 · 운영에 관한 규정(행정안전부훈령 제73호, 2019.1.9.)

〈참고사이트〉
대통령기록관 웹사이트 http://www.pa.go.kr (검색일: 2020.4.15.)

# 미국 대통령기록의 이관

이 선 옥

미국립기록관리청(NARA) 기록물 전문 조사원, 미 아키발 연구원 협회(ARA)
소속 전문연구원, 국가기록원 해외기록-미국 조사위원

조 민 지

한국외국어대학교 정보·기록학연구소 책임연구원, 한국외국어대학교 대학원 강사

 미국은 행정부, 입법부, 사법부의 권한이 분리되어 있는 대통령중심
제 국가이자 중앙정부와 주정부가 권력을 분배하여 통치하는 연방제
국가이다. 미국 연방제하에서 대통령은 중앙정부 즉, 연방정부의 최고
통치자가 된다. 그리고 연방정부에서 생산된 기록물은 국가가 관리한
다. 행정부의 최고 통치자인 대통령과 부통령, 백악관의 모든 보좌진들
이 생산하고 접수한 공식 기록물은 대통령기록물로 분류되고 대통령
기록관에 이관되어 관리 · 보존된다. 대통령기록물을 분류 · 이관 · 관
리 · 보존하고 대통령기록관을 운영 · 관리하는 미국정부의 기관은 바
로 미국립기록관리청(Natioanl Archives and Records Administraion)이다.
미국에서 연방기록물이 체계적으로 관리 보존되기 시작한 것은 1934년
워싱톤 DC에 미국립문서보존소(National Archives)가 설립된 이후이다.
미국립문서보존소는 1985년 미총무청(General Services Administration)으
로부터 독립되어 미국립기록관리청으로 기관 명칭이 변경되고 승격되
었다.[1] 1934년 미국립문서보존소가 설립되기 이전에는 각 연방기관에

---

[1] 미국립문서보존소(National Archives)는 1934년 루즈벨트 대통령에 의해 연방
  정부의 정부기록들을 수집하여 보관하는 독립적인 기관으로 설립되었다. Robert

서 생산된 기록물은 부처에 방치되거나 유실되었다. 모든 국정통치 기록인 대통령기록물도 연방정부 기록에 속하였지만 대통령기록물은 대통령의 임기가 끝나면 가지고 나갈 수 있는 대통령의 사적 소유물로 간주되었다. 대통령직 수행과정에서 생산된 모든 국정통치 기록의 이관 및 관리 시스템이 미국에서 자리 잡기 시작된 지는 오래되지 않았다. 국가가 대통령기록물을 국민의 귀속물로 공식적으로 인정한 것은 1978년 대통령기록물법(Presidential Records Act of 1978)의 제정 이후이다. 1978년 대통령기록물법은 레이건 행정부 때부터 처음으로 적용되었다. 레이건 대통령 행정부에서 생산된 모든 국정통치 기록, 즉 대통령기록물은 다른 연방기관의 기록과 같이 국가의 소유물이 되었으며 법과 제도를 통해 국가가 지정한 전문 인력에 의해 보존되고 관리되었다. 대통령기록관의 관리와 대통령기록물의 이관 및 관리 보존에 지대한 역할을 담당하는 미국립문서보관소는 대통령기록관의 효시인 루즈벨트 대통령기록관의 설립과 그 뿌리를 같이 한다. 미국립문서보존소와 미국의 대통령기록관은 미국의 제32대 루즈벨트 대통령(임기 1933~1945)의 역사관과 국민에게 '열린정부'라는 그의 신념에서 태동되었다

---

D.W. Connor가 미국의 초대 아키비스트로 임명되었다. 국립문서보존소는 1949년 미국 총무청(General Servieces Administration: GSA)의 소속기관이 되고 그 명칭을 국립기록보관소(Natioan Archives and Records Service: NARS)로 변경하였다. 1950년 연방기록법을 의회에서 통과시키고 미 전국에 걸쳐 연방기록보관소(Federal Record Center)를 설립하기 시작했다. 연방기록물 보관의 중간지점으로 영구보전의 가치가 있는 기록들은 국립문서보존소에 보내지어 보관되었다. 보관 장소가 부족해짐에 따라 정부문서를 보존하기 위한 국립기록보관소를 워싱턴 DC를 중심으로 외곽에 건립하기 시작했고 미국의 총무청이 새로 건립된 국립기록보관소를 더이상 지원할 수 없게 되었다. 1985년 국립기록보관소는 미총무청으로부터 분리되어 나와 독립되면서 그 명칭이 미국립기록관리청(National Archives & Records Administration: NARA)으로 승격되었다.

고 볼 수 있다. 미국의 최고 행정기관(통치기관)의 기록물 이관 및 관리 제도를 역사적으로 이해하기 위해서는 먼저 대통령기록관의 효시인 루즈벨트 기록관의 설립과정과 그 의미를 살펴볼 필요가 있다. 이후 수많은 부침 속에서 대통령기록관과 기록물에 대한 법과 규율이 제정되며 미국 대통령 기록관리의 역사는 발전해 왔다.

## 1. 미국 대통령 기록관리의 역사

### 1) 미 대통령기록관의 효시, 루즈벨트 대통령기록관의 설립과 그 의미

미국의 대공황과 제2차 세계대전기간 동안, 미국은 전대미문의 기록을 생산하게 되었다. 이 시기에 대통령 임무를 수행하고 있던 루즈벨트 대통령은 1938년 12월 대통령기록관 설립을 제안하였다. 루즈벨트 대통령은 민간기금으로 대통령기록관을 짓고 대통령의 개인 논문을 비롯하여 그가 집권했던 시기의 모든 대통령기록물들을 대통령기록관이라는 한 장소에 모두 보관하고자 하였다. 그는 민간기금으로 설립된 대통령기록관을 정부에 기증하여 국립문서보존소가 이를 운영하도록 하는 계획을 의회에 제안했다. 1940년 루즈벨트 대통령기록관이 완공되었고 그 이듬해 1941년 미의회는 루즈벨트 대통령의 이러한 계획을 공동 결의문 형태로 승인했다. 미국 최초의 대통령기록관인 루즈벨트 대통령기록관은 1941년 문을 열었다. 루즈벨트 대통령기록관은 소장된 대통령기록물들과 유물들의 85%에 해당되는 기록물을 1950년에 99.5%에 해당되는 기록물을 1976년에 각 각 국민들에게 공개하였다.[2]

루즈벨트 대통령은 그의 재임시절 대통령기록관 설립에 대한 그의 계획을 발표하기 불과 몇 년 전인 1934년에 미국의 역사를 보존하기 위한 미국립기록보존소 창설 법안에 서명하기도 하였다. 루즈벨트 대통령의 역사에 대한 관심과 더불어 역사적 가치를 지닌 모든 기록물들은 보존되어야 한다는 그의 신념은 루즈벨트 대통령의 대통령기록관 설립을 추진하는데 결정적인 영향을 미쳤다. 루즈벨트 대통령 이전에는 미국 대통령 대부분의 기록물들이 대통령의 개인 소유물로 여겨졌고 대통령이 임기를 마치면 그들의 기록물들을 가지고 정부를 떠나는 것이 관례였다. 이러한 대통령기록물들은 대통령 개인 컬렉션이나 역사단체의 컬렉션 형태로 지역 혹은 대학의 도서관에 흩어져 보관되었다. 더 나아가 소실되거나 고의적으로 파기되는 경우도 있었다. 그러나 루즈벨트 대통령은 제2차 세계대전으로 점차적으로 늘어나는 대통령기록물들이 단순하게 대통령 개인의 자료가 아닌 역사적 가치를 지닌 국가의 주요한 유산이라고 보았다. 그는 국민들이 원한다면 이 기록물에 누구나 접근할 수 있어야하고 이를 토대로 역사를 연구할 수 있어야 한다는 신념을 강하게 갖고 있었다. 이러한 그의 역사관과 신념은 루즈벨트 대통령 서거 후 10년이 지난 1955년 미국의 대통령기록관법 제정으로 이어졌으며 더 나아가 1978년 대통령기록물법 제정에 큰 영향을 주었다. 현재 후버 전 대통령에서 오바마 전 대통령에 이르기까지 14개의 대통령기록관 설립으로 그의 비전이 이뤄졌다.

2) www.fdrlibrary.org/history-fdrlibrary

〈그림 1〉 미국의 14개 대통령 기록·박물관

| 설립<br>순서 | 대통령기록박물관 | 재임기간 | 설립연도 |
|---|---|---|---|
| 1 | Franklin D. Roosevelt Residential Library and Museum (Hyde Park, NY) | 1933-1945 | 1940년 7월 4일 |
| 2 | Harry S. Truman Presidential Library and Museum (Independence, MO) | 1945-1953 | 1957년 7월 6일 |
| 3 | Dwight D. Eisenhower Presidential Library and Museum (Abilene, KS) | 1953-1961 | 1954년 11월 11일 (Museum)<br>1962년 5월 1일 (Library) |
| 4 | Herbert Hoover Presidential Library and Museum (West Branch, IA) | 1929-1933 | 1962년 8월 10일 |
| 5 | Lyndon B. Johnson Presidential Library and Museum (Austin, TX) | 1963-1969 | 1971년 5월 22일 |
| 6 | John F. Kennedy Presidential Library and Museum (Boston, MA) | 1961-1963 | 1979년 10월 20일 |
| 7 | General R Ford Presidential Library and Museum (Grand Rapids, MI) | 1974-1977 | 1981년 4월 27일 (Library)<br>1981년 9월 18일 (Museum) |
| 8 | Jimmy Carter Presidential Library and Museum (Atlanta, GA) | 1977-1981 | 1986년 10월 1일 |
| 9 | Ronald Reagan Presidential Library and Museum (Simi Valley, CA) | 1981-1989 | 1991년 11월 4일 |
| 10 | George Bush Presidential Library and Museum (College Station, TX) | 1989-1993 | 1997년 11월 6일 |
| 11 | William J. Clinton Presidential Library and Museum (Little Rock, AR) | 1993-2001 | 2004년 11월 18일 |
| 12 | Richard Nixon Presidential Library and Museum (Yorba Linda, CA) | 1969-1974 | 2007년 7월 11일 |
| 13 | George W. Bush Presidential Library and Museum (Dallas, TX) | 2001-2009 | 2013년 4월 25일 |
| 14 | Barack Obama Presidential Library (Estates, IL) | 2009-2017 | 개관 예정 |

## 2) 미국의 대통령기록물 관리와 주요 관련 법안

### (1) 1955년 대통령기록관법과 1986년 대통령기록관법 개정안

1955년 미의회에서 대통령기록관법(The Presidential Library Act of 1955: PLA)이 통과되고 이 법에 따라, 대통령기록관이 설립되기 시작했다. 임기를 마친 대통령이 그의 사설재단이나 민간기금을 통해 대통령기록관을 설립하면, 이를 연방정부에 기증하고 기증된 대통령기록관에 대통령의 기록물을 이관하여 미국립기록관리청의 관리와 보호를 받는 형태로 발전하였다. 미국립기록관리청은 의회가 승인한 정부의 예산으로 대통령기록관을 운영하고 대통령기록물을 보존·관리하였다.[3] 또한, 1955년의 대통령기록관법으로 인하여, 그 이후의 많은 대통령들이 사설재단과 민간기금으로 기록관을 설립하고 그들이 재임시기에 생산한 역사적인 기록물을 대통령기록관과 함께 정부에 기증하였다. 정부에 기증된 대통령기록관과 대통령기록물은 일반 대중들에게 공개되어 열람할 수 있게 되었다.

미국 역사에서 루즈벨트 대통령기록관 설립이 미의회의 승인을 받기 이전까지는 대통령기록물을 관리하거나 보관하는 장소에 관련된 법률이나 규정 혹은 가이드라인조차 존재하지 않았다. 루즈벨트 대통령 이전의 대통령들은 그들의 임기를 마치면 대부분의 기록물들을 사적 소유로 여겨 퇴임과 동시에 기록물들을 가지고 행정부를 떠났다.[4]

---

[3] www.archives.gov/presidential-libraries/about/history

[4] Raymond Geselbracht and Timothy Walch, "The Presidnetial Libraries Act after 50years", NARA prologue, Summer, Vol.37 No.2, 2005.
19세기에 미국의 역사와 함께 한 미국 대통령의 역사를 보존하기 위해, 미국 정부는 역사의 특정 사건들에 대한 대통령기록물들을 사들이기 시작하였다. 1903년 미의회도서관은 수집된 대통령기록물 컬렉션들을 보존하고 관리하는 책임을 맡고, 추가적으로 대통령기록물들을 수집하여 보존하였다. 이러한 수

플랭클린 루즈벨트(Franklin D. Roosevelt: 1933~1945) 대통령도 대통령기록관이 설립되기 전에는 그의 기록물들을 미의회에 기증하려 했었다.

1945년 루즈벨트 대통령의 사망으로 해리 트루만이 미국의 대통령이 되었다. 제2차 세계대전 이후 미국은 세계의 헤게모니를 잡고 평화와 질서를 지키기 위해 동분서주하며 방대한 양의 기록물들을 생산하였다. 트루먼 대통령은 1950년 6월 루즈벨트 대통령을 이어 트루먼 대통령기록관을 설립하기로 하였다. 그리고 트루먼 대통령 또한 양산된 대통령기록물들을 기록관과 함께 정부에 기증하고자 하였다. 그러나 이를 이행할 수 있는 법안이 존재하지 않았다. 1939년에 미의회에 의해 채택된 결의안은 오직 루즈벨트 대통령의 기록관에만 해당되는 것이었다. 트루먼 대통령 또한 그의 대통령기록관 설립을 위한 법안을 통과시키기 위해 노력했지만 의회에서는 한창 한국전쟁관련 논쟁과 높은 세금 징수 이슈로 법안채택이 지연되고 있었다. 이러한 상황에서 루즈벨트 대통령기록관을 운영하는데 들어가는 비용에 더해 트루먼 대통령기록관 운영비용까지 언급하며 트루먼 대통령기록관 설립법안을 상정하기에는 의회의 상황이 호의적일 수 없었다. 트루먼 대통령은 그의 임기를 마치고 난후, 역사적으로 가치 있는 방대한 양의 대통령기록물들을 언젠가 정부에 기증하고자 했고 그는 모든 기록물을 가지고 백악관을 떠났다. 그리고 이어진 아이젠하워 대통령 행정부는 다시

---

집 활동으로 테오도르 루즈벨트(Theodore Roosevelt: 1901~1909) 대통령기록물과 윌리암 하와드 테프트(William Howard Taft: 1909~1913) 대통령, 우드로 윌슨(Woodrow Wilson: 1913~1921) 대통령의 기록물들은 수집되었다. 그 뒤를 잇는 와렌 하딩(Warren C, Harding: 1921~1923), 칼빈 쿨리쥐(Calvin Coolidge: 1923~1929), 허버트 후버(Herbert Hoober: 1929~1933) 대통령들의 기록물들은 수집하는데 실패하였다.

대통령기록관 관련 법안을 의회에 제출하였다. 당시 국립기록관리청장인 웨인 그루버(Wayne Grover) 아키비스트는 대통령기록관 관련 기존 법안의 내용을 수정하였다. 이 수정된 법안에는 트루먼 대통령기록관의 건립에만 국한시키지 않고 전직 대통령들과 후대 대통령들을 위한 대통령기록관을 모두 건립할 수 있도록 한다는 내용이 포함되었다.[5] 이는 당시 국립기록관리청의 상급 총괄기관인 총무처가 의회의 별도 승인 없이도 대통령기록관을 위탁받아 관리하고 운영을 할 수 있도록 한다는 내용도 포함되었다. 즉, 대통령 본인과 그를 지지하는 민간 재단이 대통령기록관 건립을 위한 기금을 조성하여 토지나 건물을 구매하거나 건립하여 총무처에 기증하고, 당시 총무처에 속해 있던 미국립기록관리청은 대통령 도서관을 위탁받아 직접적으로 운영 및 관리할 수 있게 하는 것이었다. 건물 운영과 관리에 있어서도 그 절차를 간소화하여 기록물을 정리한 목록과 재정상태, 그리고 건물 유지 및 운영에 필요한 관리비용을 보고하도록 했다.[6] 이 수정 법안은 1955년 8월 대통령기록관법안(Presidential Library Act)[7]의 모태가 되었다.

의회는 1955년 6월 13일 대통령기록관법에 대한 청문회를 실시하였다. 이 청문회에서 국립기록관리청장인 웨인 그루버(Wayne Grover)는 이 법안을 지지하는 연설을 하였다. 결국 이 법안은 만장일치로 의회에서 통과되었으며, 같은 해 8월 12일, 아이젠하워 대통령은 이 법안에 서명하였다. 트루먼 대통령기록관과 아이젠하워 대통령기록관은 이 법안에 따라 각각 1957년과 1967년에 설립되어 미총무청(GSA)에 기증되

---

[5] Ibid.

[6] Donald R. McCOy, *The National Archives: America's Ministry of Documents, 1934-1968* (Chapel Hill: University of North Carolina Press, 1978), p.296.

[7] 1955년 대통령기록물법안에 대한 자세한 내용은 www.archives.gov/presidential-libraries/laws/1955-act Public Law 373을 참조.

었다. 각 대통령들이 소유하고 있었던 모든 대통령기록물들도 국립기록관리청에 기증되었다. 1955년 대통령기록관법은 여러 차례 개정되었고 그중 1986년의 개정법안에서 크게 주목할 내용이 추가되었다. 관련 민간재단의 기부금 액수를 대통령기록관의 규모와 크기에 따라 조정하여 청구해야한다는 내용이었다.[8] 이 법안으로 국립기록관리청은 대통령기록관을 유지하고 보수관리하는 비용을 민간 기부금으로 일정부분 조달할 수 있게 되었다. 미국립기록관리청은 1986년 대통령기록관 법안(Presidential Library Act of 1986)[9]을 마련함으로써 대통령기록관을 운영하고 관리하는 방법과 절차에 큰 변화를 가져다주며 발전하였다.

### (2) 1974년 대통령 녹취기록물 및 자료보존법: The Presidential Recordings and Material Preservation Act(PRMPA) of 1974

미국의 초대 대통령 조지 워싱톤에서부터 지미 대통령에 이르기까지 대통령의 기록물은 대통령의 사적소유물이었다. 대통령기록관법은 대통령의 사적 소유물인 대통령기록물을 정부에 기증해야 할 의무를 명시하거나 요구하지 않았다. 대통령기록물은 언제든지 폐기될 수도 있었다. 다행히도 후버 대통령부터 지미카터 대통령에 이르기까지 닉

---

[8] 대통령기록관의 크기가 7만 평방피트를 초과하게 되면, 훨씬 더 많은 기부금이 청구된다. 이러한 청구는 새로 짓게 되는 기록관의 크기를 7만 평방피트 미만으로 제한시키는 실질적인 효과를 보이고 있다. 현재 미국립기록관리청에 의해 운영되는 대통령기록관 중에서 가장 큰 규모의 기록관은 134,695평방피트의 존슨(Lyndon B. Johnson) 대통령기록관이다. 규모가 가장 작은 기록관은 47,169평방피트의 후버(Hubert Hoover Presidential) 대통령기록관이다.

[9] 1986년 대통령기록물법안에 대한 자세한 내용은 www. Archives.gov/presidential-libraries/laws/1986-act Public Law 99-323, H.R. 1349, Nihety-ninth Congress of the USA 참조.

슨 대통령의 기록물을 제외하고는 모두 국립기록관리청에 기증되었다.
그러나 닉슨은 일명 '워터게이트' 사건으로 1974년 사임을 하게 되고
백악관의 정부권력 남용과 워터게이트 사건에 연루된 닉슨의 녹음 테
잎과 기록물들을 포함한 대부분의 대통령기록물들을 폐기하려는 시도
를 하였다. 이에 의회와 포드 대통령은 1974년 녹취기록물 및 자료보
존법을 제정함으로써 닉슨의 대통령기록물, 그중에서도 우선적으로 가
장 중요했던 백악관 녹음테잎이 폐기되는 것을 막고자 했다. 이 법안
으로 닉슨 대통령의 기록물은 국가의 소유물이 되었고 총무처 소속 국
립기록관리청에서 닉슨기록물을 관리할 수 있는 권한을 받아 기록물
을 인수하였다. 그리고 절차를 밟아 닉슨의 다른 기록물보다도 정부의
권력남용과 워터게이트 사건과 관련 있는 기록물들을 우선적으로 대
중에 공개할 수 있도록 하였다. 또한 이와 더불어 이 법안에는 닉슨의
온전한 개인 기록물이나 대통령의 합법적 권한이나 의무로 수행되지
않은 개인 활동영역의 기록물들은 닉슨 대통령에게 다시 되돌려 주거
나 합법적 대통령기록물들과 분리하도록 하는 내용이 명시되어 있다.[10]
1974년 대통령 녹취기록물 및 자료보존법(The Presidential Recordings
and Material Preservation Act of 1974)은 오직 닉슨 대통령기록물에만 적
용되었기 때문에 닉슨 대통령기록물을 둘러싸고 일어났던 대통령기록
물의 소유권, 공개결정권, 기록물의 처리 및 이관 문제는 미국의 대통
령기록물의 보존 제도의 필요성을 야기했고 그 논쟁은 계속해서 이어
졌다.

---

[10] Raymond Geselbracht and Timothy Walch, "The Presidnetial Libraries Act after
50years", *NARA prologue*, Summer, Vol.37 No.2, 2005.

(3) 1978년 대통령기록물법: The Presidential Records Act(PRA) of 1978

카터 대통령과 의회는 닉슨 대통령과 정부 간의 법적 공방 중에 대통령 및 부통령의 공식기록물의 법적 소유권을 개인에서 공적인 개념으로 변경하여 역사적 가치가 있는 대통령기록물을 정부에 이관하여 관리하고 보전하고자 했다. 1978년 의회에서 대통령기록물법(the Presidential Records Act of 1978)을 제정하고 카터 대통령이 이 법안에 서명하였다. 이 법안으로 미국립기록관리청이 대통령기록물에 대한 법적 소유권을 갖고 이 기록물들을 이관, 보관, 관리하는 모든 책임을 지게 되었다. 전임 대통령이 백악관을 떠나자마자 미국립기록관리청은 자동적으로 이 기록물들에 대한 법적 권한을 갖게 된다. 1978년 대통령기록물법이 공포된 후, 1981년 이후의 대통령기록물, 즉 로널드 레이건 대통령의 취임과 더불어 생산된 모든 대통령기록물은 이 법의 적용을 받았다.11)

1955년 대통령기록관법과 1978년 대통령기록물법은 결과적으로 대통령의 모든 역사적 기록물들은 국가의 주요한 유산임과 동시에 국민들이 이를 활발하게 연구하고 쉽게 접근할 수 있어야한다는 프랭클린 D. 루즈벨트가 제시한 비전과 신념을 실현시켰다.

## 2. 미국립기록관리청의 대통령기록관 운영 조직 및 대통령기록 물 관리 시스템

미국의 대통령기록관은 미국립기록관리청 조직12)의 한 부서인 입법

---

11) Ibid.

12) 미국립기록관리청의 회계년도 2017년과 2018년도 기준으로 집행된 순수 운영 비용은 각각 4억 362만 4천 달러, 4억 1,746만 7천 달러로 보고되었다. 2018년

아카이브 및 대통령기록·박물관국에서 운영·관리한다. 루즈벨트 대통령기록관이 설립되기 불과 몇 년 전인 1934년에 루즈벨트 대통령은 연방정부가 생산하는 모든 기록은 국민에게 되돌려주어야 한다는 신념으로 미국립문서보존소(National Archives) 설립을 제안하였다. 미국립문서보존소는 공식적으로 1940년에 설립된 루즈벨트 대통령기록관을 체계적으로 운영·관리하고 대통령기록물을 보존하는 업무를 담당하기 시작했다. 미국립문서보존소는 1985년 미총무청으로부터 분리되어 나와 독립되면서 그 명칭이 미국립기록관청(National Archives & Records Administration: NARA)으로 승격되었다. 미국립기록관리청은 현재 14개의 대통령기록관을 운영 관리하며 대중에게 대통령기록물을 공개 하고 있다. 미국립기록관리청의 전체 조직도는 〈그림 1, 2〉와 같다.

미국립기록관리청의 전체 조직도에서 입법 아카이브 및 대통령기록·박물관국의 내부 조직도를 자세히 살펴보면 입법아카이브 및 대통령기록·박물관국은 다시 입법아카이브센터(Center for Legislative Archives)와, 대통령기록관 사무국(Office of Presidential Libraries), 대통령기록물 사무국(Presidential Materials), 교육 및 공공프로그램 사무국(Education and Public Programs), 전시관련 사무국(Exhinits) 그리고 국립기록관리청장 및 부청장 직속기관인 각 대통령기록관장 위원회(Presidential Libraries Directors Council)로 나누어져 있다. 입법아카이브 센터에서는 연방기록물법의 적용을 받지 않는 미의회 상원의원과 하원의원이 공식적으로 생산한 기록물들 보관하고 관리한다. 뿐만 아니라, 입법관련 기관들과 위원회에서 생산한 기록들을 보관하고 있다. 입법아카이브

---

미국립기록관리청의 보고서에 따르면 미국립기록관리청에 속해있는 정규직(2693명)/ 비정규직(46명) 직원의 수는 총 2693명이다. NARA, *Agency Financial Report FY2018*, p. 29 참조.

〈그림 1〉 미국 국립기록관리청 조직도(NARA Organization)

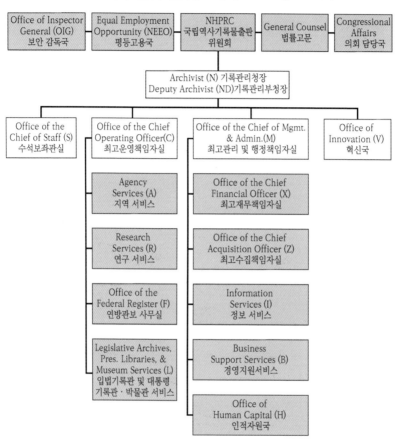

출처: www.archives.gov/about/organization  (2020/3/20)

센터는 미의회 상·하원들 및 직원들과 지속적으로 소통하며 입법아카이브 센터관련 정책과 프로그램을 계발하고, 교육기관들이나 역사학회, 전문가협회 등에 미국립기록관리청을 홍보하고 인식시키는 역할을 한다. 대통령기록관 사무국과 대통령기록물 사무국은 대통령기록관의 운영과 관리, 그리고 대통령기록물의 이관과 관리·보존과 관련된 모

〈그림 2〉 미국립기록관리청 내 입법아카이 및 대통령기록관·박물관국 조직도

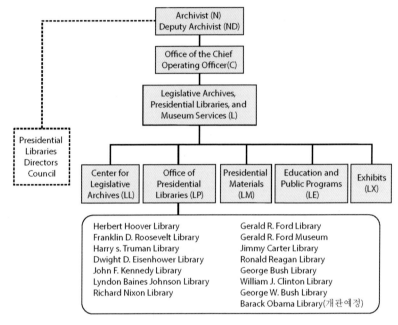

출처: www.archives.gov/about/organization/orgchart-1 (2020/3/20)

든 업무를 총괄하고 있는 부서이다. 특히, 대통령기록관 사무실(The Office of Presidential Libraries)에서는 후버 전 대통령에서부터 오바마 전 대통령에 이르기까지 14개의 대통령기록관을 운영 관리하고 있으며, 대통령기록물의 이관 및 보관, 공개하는데 관여하고 있다. 대통령기록관사무실의 주요 업무는 다음과 같다. 백악관에서 생산하는 대통령기록물을 관리하고 자문역할도 해주며 대통령기록물의 원활한 이관을 위해 백악관을 들어오고 나가는 직원들을 상대로 대통령기록물에 대한 교육을 실시한다. 대통령 임기동안 증가하는 대통령기록물 중에서도 백악관에 보관해두지 않아도 되는 기록물들과 대통령선물 및 유

물 등을 미리 미국립기록관리청에 이관할 수 있도록 미국립기록관청 내에 "임시보관소(Courte Storage)"를 마련하여 백악관에 제공한다. 현직 대통령의 대통령기록관 설립과 관련하여 백악관 및 대통령 지지자들과 지속적으로 긴밀하게 협의해 나간다. 또한 대통령기록관 사무실에서는 대통령기록관의 기록들에 대한 비밀해제와 공개여부 절차에 관여하고 대통령기록과 관련된 모든 문제들을 다룬다. 대통령기록물의 원활한 이관을 위해 대통령기록관 시스템 운영에 필요한 예산과 전반적인 행정업무를 제공하고 14개의 각기 다른 성격의 대통령기록관의 공동 프로그램을 운영하고 조정한다. 또한 대통령기록물의 이관, 보존 및 기록물 이용을 포함한 대통령기록관의 발전과 개발을 위한 정책을 수립하고 조정한다. 대통령기록관 사무국은 미국립기록관리청의 법률 고문 및 관계자와 협조하며 현행정부와는 백악관과 유기적인 관계를 유지하며 대통령기록물 관리와 서비스를 효율적으로 해나가고 이와 동시에, 전 행정부와는 전임 행정부 관리자와 지속적인 소통을 하며 전임 대통령의 기록물을 관리하고 일반인들에게 열람 서비스를 제공한다. 모든 부서 중에서도 대통령기록관 사무실은 미국립기록관리청 내에서 모든 14개의 대통령기록관들을 대표하고 있다.[13]

각 개별 대통령기록관의 대통령기록물 관리와 보존, 활용과 관련된 기록관 영역은 미국립기록관리청을 통해 연방기금으로 운영된다. 그러나 모든 운영기금을 연방기금으로 해결할 수 없기 때문에, 각 개별 대통령기록관은 사설 혹은 민간 재단에서 박물관 사업이나, 회의, 전시회 등과 같은 특별 이벤트와 공공 프로그램을 지원한다. 또한 조지부시기록관이 설립된 이후부터 모든 대통령기록관의 사설재단은 시설 운영

---

[13] NARA, NARA101 Part9. Legislative Archives, Presidential Libraries, and Museum Services Organization, October 2, 2016 pp.1-18.

경비를 조달하기 위해 역으로 미국립기록관리청에 기부금을 제공해야
하며, 이 기부금은 각 대통령기록관 시설을 유지하고 관리하는 데 사
용된다.

## 3. 대통령기록물의 범위와 관리 규정 및 현직 대통령의 기록 생산

미국 연방정부가 생산하고 접수한 공식기록물은 연방기록물법의 적
용을 받는다. 그러나 그중에서도 대통령과 부통령의 업무 수행과정에
서 생산되거나 접수된 모든 기록물은 대통령기록물법의 적용을 받는
다. 대통령기록물법은 1981년 1월 20일, 즉 레이건 대통령 행정부의 대
통령기록물부터 적용된다. 대통령기록물법 제2201호 2항에 따르면, 대
통령기록물은 "대통령과 대통령의 직속 직원들 그리고 헌법과 법률에
의해 수행되는 대통령의 업무나 공식적 혹은 형식적인 대통령의 직무
를 수행하는 과정에서 대통령에게 자문을 주거나 대통령을 보좌하는
대통령집무실(Executive Office of the President)의 개인이나 조직 등에
의해서 생산되거나 접수된 대통령의 기록물"이다. 또한 부통령의 기록
물도 대통령기록물과 같은 방식으로 이에 포함된다고 대통령기록물법
제2207호에 명시되어 있다.[14) 미국의 대통령기록물은 주로 대통령을
가장 가까이에서 보좌하는 비서관들과 대통령 비서실장이 수장으로
소속되어 있는 백악관실(White House Office), 일명 대통령비서실을 포
함하는 대통령 집무실(Executive Office of the President)에서 생산하거나

---

14) Presidential Records Act (44 U.S.C. Chapter 22) §2201~§2209

접수하는 기록물이다. 미국립기록관리청에서 발행한 대통령기록물 안
내서에 따르면, 대통령 집무실(EOP) 산하 직속기관이라 할지라도 대통
령기록물을 생산하는 기관과 연방기록물을 생산하는 기관을 분류해놓
았다. 전자에는 대통령비서실(White House Office), 부통령집무실(The
Office of the Vice President), 정책개발실(The Office of Policy Development),
경제자문위원회(Council of Economic Advisers), 대통령이 의장으로 있는
국가안전보장회의(The National Security Council), 대통령해외정보자문
위원회(The Presidnet's Foreign Intelligence Advisory Board), 대통령 정보
감독위원회(The Pesidnet's Intelligence Oversight Board), 국가경제위원회
(The National Economy Council), 백악관행정실(The Office of Administraion)
이 포함된다. 그리고 대통령 집무실 산하기관임에도 연방기록으로 분
류되는 기관에는 환경위원회(Council of Environmental Quality), 미무역
대표부(Office of the US Trade Representative), 예산 관리국(Office of
Management and Budget), 마약통제국(Office of National Drug Control
Policy), 과학기술국(Office of Science and Technology Plicy)이 해당된
다.[15] 백악관은 대통령기록물을 국립기록관리청으로 이관하기 전에
국립기록관리청 아키비스트의 도움을 받아 백악관기록관리실(WHORM:
White House Office of Records Management) 시스템에 기초하여 기록물
을 주제별로 분류한다. 백악관의 모든 직원들은 대통령임기가 시작될
때 미국립기록관리청 아키비스트로부터 기록생산과 관리에 필요한 지
침을 받고 백악관을 떠나는 날까지 생산된 모든 기록물을 백악관기록
관리실 시스템에 따라 기록물을 분류해 놓아야 한다.

　　최근 트럼프 행정부에서는 국정통치의 의사소통수단으로 트위터나

---

15) NARA, Gudance on Presidendential Records from the National Archives and
　　Records Administration.

페이스북과 같은 사회관계망서비스가 자주 사용되고 있다. 이는 의회와 국립기록관리청 사이에서 대통령기록물 범위에 대한 논란으로 이어지고 있다. 미의회는 백악관의 적지 않은 직원들이 전자기록의 형태가 되어왔던 이메일을 기피하고 스마트폰의 앱을 이용한 사적인 사회관계망서비스를 의사소통수단으로 사용하고 있는 것이 대통령기록물법에 저촉되는 것은 아닌지 우려하고 있다. 2017년 3월 7일 미의회가 국립기록관리청장에게 보낸 서한에 의하면, 미의회는 트럼프 행정부가 군대에서 최고보안유지를 위해 문자기록을 암호화하여 사용한 후 자체적으로 파기해버리는 컨파이드(Confide)라는 스마트폰 앱을 업무와 관련된 의사소통수단으로 사용되는 것을 언급하고 있다. 미의회는 대통령 업무 기록이 사적인 의사소통 수단인 스마트폰이나 사회관계망에 의해 생산되고 임의로 삭제되는 것을 국립기록관리청이 주의 깊게 살피고 대처해 줄 것을 요구하고 있다. 더 나아가 미의회는 국립기록관리청이 트럼프 행정부의 이와 같은 대통령기록물관리 상황을 인지하고 있는지 그리고 그에 따른 대통령기록물 관리 지침이나 교육이 제대로 이뤄지고 있는지에 대해 답변해 줄 것을 요청하고 있다.16) 트럼프 행정부에서 국정업무 수행에 공적 의사소통수단이 아닌, 스마트폰과 같은 사적인 의사소통 수단이 사용되고 생산된 대통령 기록이 임의로 삭제되는 등의 논란이 있는 가운데 국립기록관리청이 어떻게 이 상황을 대응해 나가는지 그리고 미의회에서는 어떠한 새로운 법안으로 대처해 나갈지 주목된다.

---

16) NARA Press Release, Letter from Senators McCaskill and Caper to Archivist David S. FErriero, March 7, 2017.

## 4. 대통령기록물의 이관 문제

### 1) 대통령기록물의 이관 과정과 국립기록관리청의 역할

미국은 다른 서방국가와 다르게 대통령이 국가원수 역할과 행정부 최고수반의 역할을 동시에 행사하는 강력한 대통령 중심제 국가이다. 대통령의 임기는 4년으로 한 차례 연임이 가능하다. 따라서 미국은 매 4년마다 혹은 8년마다 1월 20일 대통령 취임식과 더불어 대통령이 교체된다. 신임 대통령의 취임식을 전후로 대통령과 부통령의 기록물을 포함한 행정부의 국정통치 기록물들은 미국립기록관리청의 관리하에 전임 대통령의 지인들이나 재단이 선정한 장소로 이관되는 절차를 밟는다.

대통령 및 부통령 기록물을 포함하는 국정통치 기록물들의 이관을 이해하기 위해서는 행정부가 교체되는 전체적인 맥락 속에서 접근해야 한다. 2016년과 2017년 오바마 행정부에서 트럼프 행정부로 교체될 때 2015년 대통령직 인수 개선법(Presidential Transitions Improvement Act of 2015)과 대통령 행정명령 제13727호(Executive Order 13727)의 시행으로 행정부 교체 과정을 획기적으로 발전시켰다.

미국립기록관리청은 1978년 대통령기록물법과 2016년 5월에 승인된 대통령직 인수 개선법, 그리고 대통령 행정명령 제13727호에 따라 임기를 마친 대통령의 국정통치 기록물을 관리하고 이관하는 임무와 신임 대통령이 차질 없이 대통령직을 인수할 수 있도록 그 역할을 다할 수 있었다.[17]

---

[17] David Mcmillen, "Moving Out, Moving In: The National Archives' Important Role When the Presidency Changes Hands", *NARA prologue*, Winter 48(4). 2016.

대통령직 인수 개선법안에 따르면, 대통령이 연간 예산을 의회에 청구할 때, 매 회계연도마다 국립기록관리청이 대통령기록물을 관리하고 보관하는데 필요한 자금을 포함하도록 하였다. 또한 2016년 이전에는 선출된 대통령에게만 제공했던 대통령직 인수 과정 비용을 대통령 선거 전 각 정당의 주요 대통령 후보자들 모두에게 재정지원과 사무소 설치 등의 비용을 제공할 수 있도록 하였다. 이는 대통령직 인수 작업을 조금 더 원활하게 하는데 도움을 주었다.

특히, 행정명령 제13727호는 조지부시 행정부에서 오바마 행정부로 교체될 당시의 경험과 교훈을 토대로 오바마 행정부에서 만든 행정명령이다. 행정명령 제13727호에 따르면, 행정부의 교체를 원활하게 하기 위해 백악관인수조정위원회(the White House Transition Coordinating Council)와 정부기관인수관리자위원회(the Agency Transition Directors Council)라는 두 개의 위원회가 구성된다. 백악관인수조정위원회는 각 행정부서와 정부기관들이 대통령직 인수 준비를 원활하게 할 수 있도록 지침을 제공하고 유력한 대통령 후보자들의 대리인들과 현 행정부의 직원들 그리고 정부기관들의 현 고위 공무원들 간에 의사소통을 원활하게 할 수 있게 하고 서로 간에 정보를 공유할 수 있도록 하는 역할을 한다. 이 위원회는 새로 들어서는 정부가 후속 정책 계획을 세우거나 자문을 요청했을 때 신속하게 관련정보와 기록을 제공해 주어야 한

---

미 의회는 대통령의 퇴임과 신임 대통령의 취임에 따른 행정부 권한의 질서 있는 교체를 진행하기 위해 '1963년 대통령직 인수법'(Presidential Transition Act of 1963)을 제정하고 승인하였다. 의회는 대통령직 인수법안을 통해 공식적으로 대통령직 인수 작업에 필요한 재정 지원할 수 있게 하였고 공공지원을 가능하게 만들었다. 더 나아가 1988년에 의회는 대통령직 인수 작업에 필요한 지원기금을 더 늘리고, 총무청장에게 연방정부의 각 기관과 부서에서 근무하는 고위 공무원들에게 대통령직 전환에 따른 지침서를 미국립기록관리청장과 협의하여 만들도록 하였다.

다. 정부기관인수관리자위원회에서는 백악관인수조정위원회에서 발전시킨 정책들과 지침을 직접적으로 수행하고, 각 정부 기관들 간에 인수와 기록물들의 이관관련 활동을 조정하기 위해 설립되었다. 국립기록관리청은 정부기관인수관리자위원회에 속하며 연방기관 중에서도 대통령직인수과정에서 주도적인 역할과 책임을 다해야 한다.[18]

국립기록관리청은 신임 대통령 취임식 15개월 전부터 본격적으로 현 정부의 국정통치 기록물을 이관하기 위한 준비에 돌입한다. 국립기록관리청은 4년 또는 8년 동안 행정부에 쌓여 있는 막대한 기록물을 정리, 분류하여 신임 대통령의 취임식인 1월 20일 정오까지 모든 국정통치 기록물들을 대통령기록관이 설립될 때까지 기록관 주변의 임시 특정 시설로 운반해야 하는 복잡하고도 중요한 역할을 담당한다.[19]

현 대통령의 임기가 끝나기 전까지 백악관의 모든 기록물들과 선물들은 여전히 대통령 부통령의 통제하에 있기 때문에, 미국립기록관리청은 모든 대통령기록물을 이관하기 위해서는 가능한 빨리 백악관의 승인을 받아야한다. 대통령이 재임을 위한 선거운동에 본격적으로 들어가게 되면 대통령이든 백악관의 직원이든 대통령기록물을 이관하는 것에 별 다른 관심을 두지 않기 때문에 미국립기록관리청에 비협조적이다. 따라서 백악관의 승인을 미리 받아 본격적인 대통령기록물 이관

---

[18] 대통령 행정명령 제13217호(Executive order 13217)

[19] David Mcmillen, "Moving Out, Moving In: The National Archives' Important Role When the Presidency Changes Hands", *NARA prologue*, Winter 48(4). 2016.
오바마 도서관이 완성되기 전까지 오바마 행정부의 기록은 시카고에서 북서쪽으로 30마일 떨어진 호프만 이스테이트(Hoffman Estates)에 있는 가구창고와 쇼룸을 개조한 곳에 보관하였다. 레이건 행정부의 기록물은 파스타공장을 개조하여 만든 장소에 보관되었으며, 조시 W. 부시 행정부의 기록물은 볼링장과 바로 옆 중국식당을 합쳐 만든 장소에 보관하였다. 클린턴 행정부의 기록물은 자동차딜러(판매소)에 보관되었다.

절차에 들어가는 것은 중요하다. 만약 현 대통령이 재임 선거에서 패배할 경우, 국립기록관리청은 선거 패배 이후 3개월 이내에 이관작업을 완료해야 하기 때문에 대통령기록물 이관은 더욱더 힘들어지게 된다. 그러나 연임된 대통령의 행정부는 기록물을 이관하기 위한 계획을 세울 수 있는 시간이 충분하다. 재임에 성공한 행정부에서는 다음 대통령 선거 전 가을까지 대통령기록물을 보관할 임시시설을 확정하고 미리 백악관의 승인을 받아 기록물 이관 준비에 들어갈 수 있다. 임시시설이 확정됨과 동시에 모든 기록물들을 포장하여 이동시키기 시작한다. 이 모든 이관 작업은 신임 대통령 취임식 날인 1월 20일 정오까지 끝내야 한다. 백악관에 남아있는 모든 기록물과 선물들을 대통령기록관 주변의 임시 시설로 운송하기 위해 국립기록관리청 직원들과 군인들이 기록물을 포장하고 미국립기록관리청은 국방부와의 협의하에, 기록물 운반을 위한 트럭과 항공기와 같은 운송수단에 대한 계획을 철저하게 세워야 한다.[20]

미국립관리청은 선물이나 유물을 포함한 대통령기록물들을 이관하기 위한 승인을 받고 그 이관 일정을 조율하기 위해 그리고 어떠한 대통령기록물들을 언제 어떻게 이관해야 하는지 결정해야 한다. 이를 위해 미국립기록관리청은 백악관 법률고문실(The White House Counsel's office), 백악관 기록관리실(The White house office of Records Management), 국가안전보장회의(The National Security Council), 백악관 선물실(The White House gifts office), 백악관 대통령실(The White House office), 부대통령집무실(The Office of the Vice President)과 끊임없이 서로 협력해야 한다.[21]

---

[20] Nancy Kegan Smith, "Escorting a Presidency into History", *NARA Prologue*, Winter 40(4). 2008.

대통령 통치 기록 중 전자기록의 이관은 그 종류와 양에 있어 가장 복잡하고도 어려운 작업이기도 하다. 예를 들어, 오바마 행정부의 전자기록은 그 크기가 200테라바이트에 달했다. 이는 거의 미의회 도서관의 컨텐츠와 비슷한 양이다. 오바마 행정부의 전자기록은 문서에 기초한 기록만이 아니라, 사진, 영상, 이메일, 지도, SNS 포스팅 등이 디지털화되어 전자기록으로 구성되어 있다. 이처럼 다른 형태의 전자기록은 서로 다른 과정의 저장과정을 거쳐 안전하고 정확하게 이관절차를 밟는다. 이 전자기록들은 궁극적으로 미국립기록관리청의 전자기록아카이브(Electronic Records Archives)로 이관되어 NARA의 카탈로그 작업과 전자기록들의 공개를 위한 제반작업으로 이어진다.[22]

현 국립기록관리청장인 데이비드 퍼리어로(David S. Ferriero)는 대통령기록물의 이관작업은 대통령 임기가 끝나는 때가 아닌 대통령 임기가 시작하는 첫날부터 시작된다고 언급한 바 있다.[23] 이는 임기가 끝나가는 대통령의 기록물을 트럭에 싣거나 비행기 화물칸에 옮겨 새로운 임시 저장시설에 이동시키는 이관작업과 동시에 새롭게 들어서는 행정부에서 체계적인 기록관리와 원활한 이관작업을 위한 기초 작업도 함께 진행된다는 것을 의미한다.

선거일부터 신임 대통령이 취임하는 75일이라는 기간 동안 행정부를 구성하는 백악관 및 각 정부 기관의 수장들과 참모, 비서진들을 포함하는 고위공무원들이 바뀌게 된다. 고위 공무원의 기록 또한 정부의 공식적인 기록물로 분류되기 때문에, 국립기록관리청은 퇴임하는 고위

---

[21] Ibid.

[22] David Mcmillen, "Moving Out, Moving In: The National Archives' Important Role When the Presidency Changes Hands", *NARA prologue*, Winter 48(4). 2016.

[23] Ibid.

공무원들의 기록을 확인해야 한다. 이와 동시에, 신임 고위 공무원들에게 기록관리에 대한 지침을 제공하고 재직기간 내내 이들에게 기록관리와 관련한 교육과 세미나 등을 실시한다. 이는 백악관 및 정부기관에게 기록관리의 중요성을 강조하고 행정부가 교체될 때 기록물이 원활하게 이관될 수 있도록 도움을 준다. 미국립기록관리청에서 대통령기록물 보호 및 관리를 위해 출판한 안내 지침서 중에 16쪽에 달하는 대통령기록물 안내서(Gidance on Presidnetial Records)가 대표적이다. 이 안내서에는 대통령기록물법이 대통령과 부통령 그리고 백악관직원들에게 어떠한 영향을 주는지, 대통령기록물과 연방기록물을 분류하고 공공 기록과 사적인 개인기록을 어떻게 분별할 수 있는지 잘 설명해 놓았다. 분류된 기록을 어떻게 관리해야 하고 보존해야 하는지 그리고 어떠한 기록들은 삭제할 수 있는지에 대해서도 잘 설명하고 있다. 특히 이메일과 같은 전자기록관리에 대한 정보도 제공하며 직원들이 백악관을 떠날 때 기록을 관리하는 체크리스트와 그들의 책임에 대해서도 설명하고 있다. 대통령기록물법에 기초하여 미국립기록관리청과 백악관 사이에 협의되어야 하고 협조되어야 할 사항들에 대해서도 설명하고 있다.[24]

새로운 행정부가 시작된 대통령의 임기 기간 동안 점차적으로 증가하는 대통령기록물 중에서도 백악관에 보관해두지 않아도 되는 기록물들과, 대통령선물 및 유물 등은 미국립기록관리청이 제공하는 "임시보관소(Courte Storage)"에 미리 이관되어 관리·보존된다. 대통령 임기

---

[24] NARA, Gudance on Presidendential Records from the National Archives and Records Administration. 미국립기록관리청에 발간한 대통령기록물안내서 외에도 연방기록물 관리를 위한 대표적인 웹 출판물인 공공서비스기록관리(Documenting Your Public Service), 1쪽 분량의 임명직 고위공무원을 위한 기록관리 안내서(Records Management Guidance for Political Appointees) 등이 있다.

를 마치기 전에 이 임시보관소로 이관된 대통령기록물은 대통령의 통
제권하에 있으며, 대통령이 기록을 요구하면 언제든지 기록을 볼 수
있다. 임시보관소는 미국립기록관리청이 대통령기록물에 대한 권한을
갖기 전까지 백악관의 대통령기록물을 임시로 미국립기록관리청에 보
관할 수 있도록 저장공간을 임시로 제공한 것이다.[25] 특히, 대통령이
받은 선물들은 미리 포장되어 백악관을 거치지 않고 바로 국립기록관
리청에 임시로 보관되기도 한다. 재임기간 중 미국의 대통령은 국내외
에서 수천 개의 선물을 받는다. 조지W.부시 전 대통령이 2004년 G-8
정상회의 중에 받은 보석자동차에서부터 오바마 대통령이 영국수상과
의 정상회의 때 받은 탁구대에 이르기까지 선물의 크기나 포장 및 운
반을 고려해 볼 때, 백악관 선물 사무실로 가는 것보다는 바로 국립기
록관리청으로 이동시키는 것이 나았을 것이다.[26]

## 2) 오바마 대통령기록물 이관 사례

대통령 퇴임일과 동시에 대통령기록물의 모든 관리 권한이 국가기
록관리청장에게 이전되며, 대통령기록관 완성 여부에 따라 개별기록관
혹은 지정된 임시보존소로 이동된다. 미국은 대통령직 4년 연임제를
택하고 있어, 1기 말에 재선에 성공하는 경우에는 2기 임기 마지막 가
을부터 본격적인 임시서고로의 이동이 시작한다. 오바마 행정부도 두
번의 임기를 마쳤으며, 한 번의 임기를 채운 행정부보다는 시간적 여
유가 있었다고 볼 수 있다.

---

[25] David Mcmillen, "Moving Out, Moving In: The National Archives' Important Role
When the Presidency Changes Hands", *NARA prologue*, Winter 48(4). 2016.
[26] Ibid.

오마바 대통령 도서관을 시카고에 짓는 결정도 2015년이었다. 따라서 오바마 행정부의 대통령기록물도 2016년부터는 시카고 지역의 임시저장소로 이관되기 시작했다. 수억 건의 문서기록, 200테라바이트에 달하는 전자기록, 시청각기록, 수만 개의 대통령 선물까지 포장하여 시카고 임시 저장소까지 수송하는 준비를 완료해야 하는 오바마 대통령 기록물의 이관작업은 2017년 1월 20일 정오 즉, 신임 대통령의 취임식 날 정오까지 완료되었다. 오바마 행정부의 기록물은 오바마 대통령기록관이 완성되는 날까지 시카고에서 북서쪽으로 30마일 떨어진 호프만 이스테이트(Hoffman Estates)에 있는 가구창고와 쇼룸을 개조한 시설에 임시로 보관되었다.[27]

오바마 행정부의 국정통치 기록을 포함한 백악관 인수 프로젝트는 이전 행정부였던 부시 대통령 행정부 때의 교훈을 삼아 오바마 행정부 초기부터 시작되었다. 부시 행정부는 9.11 사건으로 인하여 백악관을 떠날 때 폭증한 기록물과 업무기록들로 인하여 많은 변화를 마주하게 되었다. 먼저, 부시 행정부의 인수 작업을 총 지휘한 조쉬 볼튼은 2008년 각 정당의 컨벤션이 있기 두 달 전인 7월에 각 정당의 대통령 후보자들의 대표들을 정기적으로 만나 협의하며 행정부가 원활하게 교체될 수 있도록 노력했다. 행정부의 원활한 교체와 인수 작업을 위한 부시 정권의 인수 작업 모델은 오바마 행정부가 백악관을 떠날 때 다음 행정부에 백악관을 인수하는 방법과 절차를 법제화하는 데 많은 영향을 주었다. 오바마 행정부의 법제화 노력은 2015년 대통령인수개정법(the Presidential Transitions Improvement Act of 2015)과 2016년 5월에 발의된 대통령 행정명령 13727(Executive13727)으로 실현되었다. 부시 행정부의

---

27) Ibid.

인수 작업을 총 지휘했던 조쉬 볼튼의 초대를 받았던 오마바 후보자의 대표는 크리스토퍼 루(Christopher Lu)였다. 그는 7월 조쉬 볼튼과의 회의 이후에도 지속적으로 소통하며 부시 행정부의 기록물 이관과 대통령직 인수를 지휘했던 총책임자로서의 역할을 하였다. 크리스토퍼 루는 오바마 행정부에서 노동부 차관으로 일하며, 오바마 대통령이 백악관을 떠날 때에도 모든 국정통치 기록물을 이관하고 기존의 정책을 트럼프 행정부에 인계하는 데에 주요한 총책임자 역할을 담당했다.[28]

이 법안들의 마련으로 이전에는 대통령으로 선출된 후보자에게만 대통령직 인수를 위한 재정이 지원되고 협의사무실이 제공되었던 것이 이제는 대통령선거가 있기 몇 개월 전부터 각 당의 주요 후보자들에게도 같은 혜택과 지원이 제공되었다.

따라서 오바마 행정부의 대통령기록물 이관 프로젝트는 이전의 그 어느 행정부에서보다 오랫동안 준비되어 왔으며, 미국립기록관리청장이 언급한대로, 오바마 행정부가 시작되는 그 순간부터 대통령기록물의 이관이 시작되었다고 볼 수 있다.

그럼에도 불구하고 오바마 행정부 임기 막바지가 되었을 때도 대통령기록물 관리와 이관작업을 위해 밤샘의 연속이었다. 대통령 선거가 있었던 2016년 가을과 겨울에 걸쳐 미국립기록관리청 직원들은 임기를 마치고 떠나는 백악관 직원들과 각 기관의 임명직 고위공무원들의 기록들을 분류하고 관리하는 작업을 도와 박스에 포장해 놓아야 한다.

---

[28] The Moody Series on Bipartisan Leadership, *Presidential Transitions in a Bipartisan Setting*, July 11, 2016, George.

## 5. 미국 사례의 특징과 시사점[29]

### 1) 권력의 분립

미국의 의회는 현직 대통령과 그 주변 자문인의 일상적 업무에 대한 외적인 간섭을 최소화하면서도 재임 중에 생산된 대통령기록물에 대한 행정부의 통제권은 확실히 갖고자 한다. 이에 대통령으로 하여금 그 행정부의 정책, 활동 및 판단을 문서화한 기록물을 지속적으로 유지하도록 성문법을 제정하여 요구하였다. 그러나 그것의 실행과 관련해서는 전적으로 대통령의 책임하에 이루어지도록 하였다. 즉, 연방기록물법은 국가기록관리청장에게 행정기관의 기록관리 시스템 개발을 지원하기 위한 지침 및 규정을 공표할 수 있도록 하고 있지만, 대통령기록물법에는 이와 유사한 어떠한 규정도 두고 있지 않다. 또한 국가기록관리청장에게는 대통령기록물의 생산 여부 등의 대통령기록물 관리 실태를 조사하고 감시할 수 있는 권한이 전혀 없다. 그 위에 대통령기록물법은—다른 행정기관에 대해서와는 달리—국가기록관리청장으로 하여금 대통령의 기록관리 정책 및 실무에 관한 연차보고서를 의회에 제출하도록 요구하고 있지 않다.[30]

요약하면, 미국의 대통령기록물법은 대통령의 재임 중 대통령기록물의 생산 및 관리에 대한 사실상의 완전한 권리를 전적으로 '대통령 본인'에게 주고 있다. 그러므로 대통령의 역사의식과 기록관리 의지에 따

---

29) 본 장의 내용은 공동연구자 조민지의 「국정통치기록의 이관에 관한 국제비교」, 『역사문화연구』, 2013, 제2장 5절을 참고, 재인용하였음.

30) 국가기록원, 『외국의 국가수반기록관리제도 자료집』, 국가기록원 대통령기록관, 2009, 485~486쪽.

라 대통령기록물을 어떻게 제대로 생산하고 온전히 관리하여 이관할 것인가에 대한 것은 대통령마다 그 양적·질적 면에서 현저한 차이가 있을 수밖에 없다.

## 2) 대통령의 강력한 행정 특권[31]

미국의 또 다른 특징은 대통령의 강력한 행정특권에 있다. 이것은 대통령의 권한이 방대한 만큼 대통령기록생산과 이관에 있어서 역기능을 야기할 가능성도 배제할 수 없다는 것을 의미한다. 미국 대통령에게는 입법, 사법기관의 정보 요청에 대하여 행정상 필요시에 거부할 수 있는 대통령의 특권(Executive Privilege)이 주어져 있다. 이 행정특권은 대통령이 필요시에 기록을 생산하지 않고 증거를 남기지 않을 권리까지 주어져 있다.[32] 미 대통령의 행정 특권은 미국 헌법에는 쓰여 있지 않지만 권력 분립의 기초를 위해 사용되는 권한이다. 권력 분립으로 대통령직을 수행하는데 강력한 힘을 부여받았지만 역으로 이 행정특권으로 인해 국가의 민주주의와 국민의 알권리 등을 침해받게 되는 무기로도 이용되었다. 가장 최근에 대통령기록을 이관한 G.W 부시 대통령이 발효한 대통령 행정명령(Executive Order) 제13233호[33]의 사례

---

31) 미국 대통령의 행정 특권 남용에 관한 2절의 내용은 공동연구자 조민지의 2009년 「미국대통령기록관의 역기능에 관한 연구」, 『기록학 연구』 20호, 3장 1절을 참조, 재인용하였음.

32) House of Representatives Committee on the Judiciary, "Reining in the Imperial Presidency : Lessons and Recommendations Relating to the Presidency of George W. Bush", Jan 13, 2009.

33) 2001년 1월은 레이건 지정 대통령기록이 12년의 보호기간을 끝내고 공개하기로 되어있는 해였다. 같은 달 21일에 부시가 대통령으로 취임했다. 취임 두 달 만인 3월 20일, 국가기록관리청장 W. 칼린에게 레이건 기록 공개 검토를 위한 90일의 유예기간(1차 6월 21일까지, 2차 8월 31일까지)에 이은 공개 유예

는 강력한 행정 특권 남용의 최악의 사례로 보고되고 있다.

1978년 제정된 미국대통령기록물법은 비밀행정을 줄이기 위한 법률 행동이었다. 그러나 대통령기록법 자체는 대통령직에 있는 동안의 대통령 기록의 생산, 관리 권한을 국가기록관리청(NARA)에 주지 않는다. 국가기록관리청은 퇴임하는 대통령의 기록을 이관 받는 순간부터 관리 권한을 갖게 된다. 그러므로 대통령기록을 대통령기록관으로 완전 이관하는 데는 대통령과 백악관 직원들의 적극적 협조가 절대적이고, 이들의 협조가 언제나 최고의 근심거리라고 한다.[34)

그런 의미에서는 특히 G.W. 부시 행정부 아래에서는 더더욱, 기록이 제대로 생산 등록되어 대통령기록관까지 이관되는 것에도 큰 문제를 갖고 있었다. G.W. 부시 행정부의 백악관은 제왕적 통치체제를 구가하는 대통령이며 자기 일을 보호하는 데에만 몰두해있다며 공격을 받았

---

요청 속에서 2001년 11월 1일에 부시 대통령은 대통령 행정명령(Executive Order: E.O).13233호를 발표했다. 보호기간을 지나 공개하기로 된 전직 대통령의 기록을 전, 현직 대통령이 공개와 접근을 검토할 수 있고 무기한 제한 (unlimited delay)할 수 있다는 내용이었다. 미국의 대통령 행정명령은 헌법에 근거한 법령의 지위를 갖는다. 즉, 상위법(대통령기록물법)에 상치되지 않는다면 더 구체적인 내용을 가진 대통령 행정명령에 우선적으로 따라야 한다. 이후 미국 내에서는 부시의 대통령 행정명령 13233호의 상위법(대통령기록물법)과의 본질상의 상충성을 두고 논란이 있었고, 시민들의 법적인 대응도 계속되었다. 민간단체인 The National Security Archives를 비롯하여 미국 역사 협회 및 개인 역사가들이 2001년 12월 워싱턴 D.C. 법원에 국가기록관리청(NARA)과 청장에게 헌법정신에 위배되고 국민의 권리를 침해하며 알권리 보장이 지연되는 데에 대한 소송을 제기하였다. 패소와 재기를 반복하던 중 2007년 10월 1일에는 일부 승소하여, 전직대통령은 검토 권한이 없다는 내용을 골자로 하는 부분적 13233호의 헌법 불일치 판결을 받아냈다. 2009년 2월, 미국 44대 오바마 대통령은 취임식 다음 날 바로, 부시의 13233호를 전격적으로 폐기하는 대통령 행정명령 13489호에 서명함으로써 2001년부터의 대통령기록 접근권에 대한 논란이 일단락 됐다.

34) Horroks, David, "The American Presidential Libraries System at Age 50". 15th International Congress on Archives, *NARA Prologue*, Summer, 2005.

다. 실제로 2004년 부시정부의 국무부장관 제임스 베이커(James Baker)
는 부시 1기 임기 때의 주요 회의에서 별도의 회의기록을 전혀 남기지
않았다고 공식적으로 인정했다.[35] 게다가 2007년 백악관에서는 부시
재임기간인 2003년 1월 3일~2005년 7월 28일 사이의 이메일 5만여 개
가 백악관 내 이메일 아카이빙 시스템의 기술적 결함으로 사라졌다고
발표했다.[36] 그 기간 이메일에는 9명의 연방검사 무단 해고 과정과
CIA 직원 신분 노출사건의 책임자 파문 등 논란의 핵심이 되는 내용들
이 포함되어있어 의도적 소실이라는 의심을 받았다. 시민기관들의 법
률소송으로 법원으로부터 기록보전 명령을 받았고 결국 임기 종료 직
전인 2009년 1월 15일에 민간업체의 힘으로 이메일을 복구시켰다.[37]
일부가 복구는 되었지만 그 기록의 신뢰성에 심각한 타격을 입게 되었
다.

　부시 행정부 기록의 생산, 관리에 관한 백악관 측의 비협조로, 비영
구기록물 폐기 시에는 청장과의 사전 서면합의가 필수적임에도 일방
적으로 파기하여 계속적으로 문제를 일으켰다. 국가기록관리청 측의
지속적인 권고와 요청에도 불구하고, 임기 내 백악관에서 생산되는 전
자 기록을 독점적인 민간 소프트업체에 맡겨 관리시켰다. 이는 이관
후 계속적인 보존 관리에 있어 보존기간을 전혀 예측할 수 없는 문제
도 만들어냈다.[38] 임기 말에는 대통령기록관으로 이관할 자료의 양,
종류를 국가기록관리청에 알려주지 않는 등의 태도로 인해 연방회계

---

[35]　Russel Riley, *The White House as a Black Box: Oral History and the Problem of Evidence in Presidential Studies*, Political Studies, 2008

[36]　Steven Aftergood, "NARA cannot assure complete transfer of Bush Records", *Federation of American Scientist Secrecy News*, Jan 9, 2009.

[37]　악관 삭제 주장 이메일, 법원 명령으로 복구 '진실성 논란' ", 뉴시스, 2009. 1. 19.

[38]　Steven Aftergood, 앞의 기사, Jan 9, 2009.

감사원(GAO)으로부터 경고를 받기도 했다.[39] 아무리 예외적인 경우라고 할지라도, G.W. 부시 행정부는 법 위에 대통령 권력이 존재함을 단적으로 보여주었다고 볼 수 있다. 비록 G.W. 부시 행정부가 클린턴 행정부보다 50배나 많은 디지털 기록을 이관시켰다고 하지만, 문제는 기록물 양이 중요한 것이 아님을 알 수 있다.

### 3) 적극적 시민 권리 추구

미국 대통령기록의 생산과 이관, 이용과 공개에 관한 또 다른 특징은 국가, 국민, 시민단체들 등의 소송을 통한 적극적인 권리 추구에 있다. 미국 대통령기록물관리법 제정의 모태가 됐던 1974년 닉슨과 미국 정부 사이의 소송(연방대법원, 418 U.S. 683)은 닉슨 대통령에게 회의에 관한 녹취기록물과 기록 문서를 법정에 제출할 것을 요구하는 것이었다. 대통령 본인이 항소인이 되어 자신의 권리를 주장하는 사례도 물론 있다. 또한 1988년 1월 12일에는 1974년에 제정된 대통령녹취기록물 및 자료 보존법에 의거하여 공표된 규정에 대해 이의를 제기하는 시민단체 공적 시민(Public Citizen)[40]과 국가기록관리청장 대리 버크(Burke) 사이의 소송이 있었다. 1995년에는 미국 역사학회와 전 국가기록관리청장 대리 트루디 피터슨(Trudy Peterson)과의 소송으로 역사학회가 전직 대통령(H.W.Bush)과 전직 기록관리청장(Wilson)이 대통령기록관리에 관하여 체결한 합의의 이행 금지를 청구하는 소송이 있었다.

2001년 11월 28일에는 앞서 G.W. 부시 대통령에 의한 행정 특권 남

---

39) Steven Aftergood, 앞의 기사, Jan 9, 2009.
40) Public Citizen은 미국에서 1971년 설립된 시민단체이다. 웹주소: http://www.citizen.org/Page.aspx?pid=183

용의 한 사례로 소개된 대통령 행정명령 13233호에 반대하는 국가안보
기록보존소, 역사학자, 시민들이 모여 이 명령의 발효를 막기 위한 소
송을 제기했다(미국 민사소송 사건번호 01-2447). 소송이 진행되는 동
안 원래 공개하기로 예정된 6만 8000페이지의 레이건 대통령기록물 중
단지 74페이지만이 부시 행정부에 의해 검토되고 공개되었다. 2004년
3월 28일, 법원은 분쟁의 소지가 있는 기록물이 공개되었다는 이유로
이 민사소송을 각하하였다.[41] 결국 2009년 1월 6일 미국 하원에서는
국가기록관리처장의 최종 공개 권한을 인정하고 부시 대통령의 대통
령 행정명령 13233호를 법률적으로 폐기하는 2009년 대통령기록물법
수정법(H.R.35)을 찬성 359대 반대 58로 통과시켰다. 그리고 오바마 대
통령 취임 후 첫 직무일인 2009년 1월 21일에 대통령 행정명령 13489호
로 부시의 대통령 행정명령은 공식 폐기되었다.

　　이렇듯 미국 대통령에게 주어진 막중한 행정 특권으로 자신의 권력
을 남용하거나 오용하는 사례도 발생할 수 있다. G.W. 부시 대통령에
의해 임명되었던 바인스타인 전직 국가기록관리청장(Dr. Allen Weinstein,
the former Archivist of the United States)의 2008년 국회 증언에 따르면,
현재로서는 대통령기록이 온전히 등록하여 생산되었는지 알 수 있는
실제적인 방법이 없으며, 대통령기록을 제대로 남기는 것은 오직 현직
대통령의 법 준수 의지와 뜻에 달려있다고 한다.[42]

---

[41] 결국 대통령 행정명령 13233호가 발효되자 2001년 11월, 미국 역사협회(American
　　Historical Association)를 비롯한 미국시민단체들이 워싱턴 D.C. 법원(District
　　Court for the DISTRICT OF COLUMBIA)에 국가기록관리청(NARA)과 청장을 상
　　대로 민사소송을 냈다.
　　고소장 전문
　　http://www.archives.gov/presidential-libraries/laws/access/complaint.txt
[42] Steven Aftergood, 앞의 기사, Jan 9, 2009.

하지만 대통령 특권의 남·오용 사례에 대한 소송뿐만 아니라 사실
에 대한 철저한 분석과 보고는 미국 제도를 지탱하게 하는 또 다른 힘
이 되기도 한다. 가장 최근에 대통령직에서 퇴임한 G.W. 부시 대통령
이 대통령직 수행 동안 대통령의 행정 특권으로 대통령기록물법 위반
을 비롯하여 미국 시민의 권리를 침해하고 특권을 남용한 것으로 지속
적으로 논란이 됐었다. 미국 하원 법사위원회(House of Representatives
Committee on the Judiciary)에서는 이에 대한 정확한 사실을 중심으로
사례를 수집하였다. 그리고 G.W. 부시 대통령의 임기 마지막 달인 2009년
1월 13일에 486페이지에 이르는 분석보고서를 만들어 제출하고 국민에
공개하였다. 그리고 향후 신임 대통령에게 발전적 방향을 조목조목 권
고한 것은 미국 시스템과 사회 문화를 움직이는 또 다른 순기능 중 하
나라고 볼 수 있다.[43] 이 보고서에는 G.W. 부시 대통령의 제왕적 대통
령직 수행으로 미국 개인의 자유, 인권, 민주주의가 침해되었던 것과
대통령기록물의 온전한 이관이 불가능 하도록 하는 대통령기록관리
태만 및 무단파기에 대한 분석이 사실과 배경, 상황을 중심으로 서술
되었다. 온전한 대통령기록의 생산과 관리는 결국 미국의 역사이고 미
래를 위한 증거이며 국민의 정보자유법(FOIA)에 따른 국가 기록 이용
을 위한 기본이고 자산임을 전제하고, 대통령은 대통령기록물의 온전
한 생산과 관리, 접근을 보장해야 하며 현재의 대통령 기록관리법을
보다 현대적으로 개정하는데 노력을 기울여야 한다는 제언을 하였다.
    또한 입법기관에서도 제도적 발전을 위한 노력이 계속되고 있다. 대
통령역사기록물 보존법(The Presidential Historical Records Preservation

---

43) House of Representatives Committee on the Judiciary, "Reining in the Imperial
    Presidency : Lessons and Recommendations Relating to the Presidency of George
    W. Bush", Jan 13, 2009.

Act of 2008)에 따라 의회에서는 국가기록관리청(NARA)에 미국적 가치
로서의 대통령기록관의 발전적 대안 모델을 위한 보고서를 제출하도
록 하였다. 이는 이관된 대통령기록의 순조로운 공개와 이용을 가능하
도록 하고, 대통령기록의 제대로 된 보존 환경의 개선 및 연방 예산 부
담을 줄일 수 있는 대안을 모색하기 위함이었다. 미국국가기록관리청
(NARA)에서는 실제 각 기록관리 계층의 의견을 수렴, 연구하여 최종
5가지로 압축한 대안 모델 보고서를 2009년 9월 25일에 제출하였고,[44]
대통령 기록관리와 이용에 대한 제도적 현대화를 위한 노력을 계속하
고 있다.

## 4) 대통령 지정기록물의 철저한 보호

이상과 같이 살펴본 바와 같이 미국은 강력한 대통령제하에서 대통
령기록의 생산과 관리, 이관까지 대통령에게 많은 권한을 주고 있다.
따라서 각 대통령에 따라 기록관리는 질적인 면에서 차이가 있을 수밖
에 없다. 백악관에서 매 해 어느 정도의 기록을 생산, 등록하고 있는지
는 이관 전까지 누구에게도 보고하지 않으며 알 수 없다. 철저히 대통
령 권한하에 관리가 이루어지고 있다. 현재 우리나라에서 문제가 되고
있는 대통령 비서실 기록 생산에 대한 실질적 생산현황보고에 관해서
는, 미국에는 아예 그런 현황 보고 제도가 없었다. 또한 국가기록관리
청에서 직원이 파견되어 있지만 기록관리를 전문적으로 할 수 있도록
'보조'하는 역할을 수행한다.

그러나 중요한 것은 1978년 대통령기록물법이 제정된 이래 30년이

---

[44] 보고서 원문:
http://www.archives.gov/presidential-libraries/reports/report-for-congress.pdf

넘는 법 시행 기간 동안 대통령이 자신의 기록을 생산하고 남길 수 있도록 제도적으로 보호하고 뒷받침해주고 있었다는 것이다. 대통령지정기록물 공개 연한은 다른 나라에 비해 비교적 짧은 기간(12년)이지만, 그것이 대통령에 의해 지정기록물 혹은 비밀기록물이 되었다면 철저하게 기록물을 보호해주고 있었다. 제도 성립 이후에 후임 대통령에 의해 전직 대통령의 지정기록물 열람을 요구한 사례가 단 한 번도 없었다고 한다. 문제는 오히려 일정 기간 비밀로 보호된 비밀기록을 언제 어떻게 공개할 것인가 하는 재분류(declassification)[45]에 관련한 것이었다.

미국에서 소중하게 생각하는 시민의 권리, 민주주의의 가치는 상당 부분 정보자유법(Freedom of Information Act)의 폭넓은 적용으로 현실화된다고 할 수 있다. 그 정보자유법을 통한 기록 입수는 그 시점이 언제가 되었든 사실, 기록을 어떻게든 생산하고 남겨 법적으로 이관 받았을 때 가능하다. 대통령기록물을 지정하고 비밀로 지키는 것은 결국 기록을 잘 보호해 줌으로써 생산보존하게 하기 위해서이다. 제대로 이관할 기록이 없으면 미래에 공개할 자원도 없다.

물론 G.W. 부시 대통령의 무단 폐기와 같은 특별한 경우도 있고, 또한 비록 대통령기록 생산기관에서의 생산현황의 정도에 대해서는 임기 중에 알 수 없더라도 일단 지정된 기록은 철저히 보호한다. 이로 인해 대통령의 기록의 생산을 보장하고 온전한 이관을 독려하는 제도를 갖고 있다. 그것은 당장은 드러나지 않더라도 결국은 미국이 지향하는

---

[45] 미국 공공기록물과 대통령기록물 중 법으로 정한 예외적 경우가 아니라면, 비밀기록으로 분류되고 공개 시점을 명시한 기록의 비밀해제 시점은 최초 비밀분류일로부터 25년이 되는 해이다(국가안보정보의 비밀분류령 제1편 제1조의 5).

가치를 실현할 수 있게 할 것이며 미국인의 권리를 보장해줄 것이다. 우리나라에서는 대통령기록의 충분한 생산과 온전한 이관을 보장하기 위해 대통령지정기록물 제도를 제정한 지 불과 5년도 되지 않아 그 제도의 존재와 가치가 흔들리고 있으며 정쟁의 도구가 되고 있다. 그러나 보다 깊은 역사적 안목으로 대통령기록이 보호되고 남겨져야 하는 것은 이미 자명한 사실이다. 미래를 내다보는 긴 호흡으로 대통령기록의 생산과 이관, 더 나아가 '전직 대통령문화'에 접근해야 할 필요는 미국의 사례에서 주는 가장 큰 시사점이라고 본다.

# 【참고문헌】

국가기록원, 『주요 외국의 기록관리 현황』, 국가기록원, 2005.

국가기록원, 『국가기록백서』, 국가기록원, 2007.

국가기록원, 『외국의 국가수반기록관리제도 자료집』, 국가기록원 대통령기록관, 2009.

노명환, 조민지, 이정연, 「국정통치기록의 이관에 관한 국제비교 미국, 독일, 프랑스의 비교를 중심으로」, 『역사문화연구』 제48집, 2013.

이상민, 「위기에 처한 대통령기록관리, 문제의 인식과 해결을 위한 접근 방식」, 『기록학연구』 18, 2008.

이승휘, 「공공기록물 관리에 있어 이명박정부의 책임과 '업적'」, 『기록학연구』 18, 2008.

이영남, 「대통령기록관리 제도의 의미와 참여정부 대통령기록의 이관」, 『한국기록전문가협회와 관련 시민단체 긴급토론회 자료집』, 2012.

조민지, 「미국 대통령기록관의 역기능에 관한 연구」, 『기록학연구』 20, 2009.


Aftergood, Steven, "NARA cannot assure complete transfer of Bush Records," Federation of American Scientist Secrecy News, 2009.

Committee on Government and Oversight Reform. House of Representatives. Presidential Records in the New Millennium: Updating the Presidential Records Act and Other Federal Recordkeeping Statutes to Improve Electronic Records Preservation., 2011.

Geselbracht, Raymond and Timothy Walch, "The Presidnetial Libraries Act after 50years", *NARA prologue*, Summer, Vol.37 No.2, 2005.

Horroks, David, "The American Presidential Libraries System at Age 50". 15th International Congress on Archives, *NARA Prologue*, Summer, 2005.

Hufbauer, Benjamin. *Presidential Temples*. Kansas : Kansas University Press. 2006.

Krustan, Maarja. Why Aren't All the Nixon Tapes Now Available?. History News

Network. 2009.

Lee, Young Nam. "The Korean Government Innovation Model for Presidential Records" (presentation at the Kuala Lumpur ICA Congress, 2008), *COMMA*, ICA 2008.

McCOy, Donald R. *The National Archives: America's Ministry of Documents, 1934-1968*, Chapel Hill: University of North Carolina Press, 1978.

Mcmillen, David. "Moving Out, Moving In: The National Archives' Important Role When the Presidency Changes Hands", *NARA prologue*, Winter 48(4). 2016.

NARA Press Release, Letter from Senators McCaskill and Caper to Archivist David S. FErriero, March 7, 2017.

NARA, Gudance on Presidendential Records from the National Archives and Records Administration.

NARA, NARA101 Part9. Legislative Archives, Presidential Libraries, and Museum Services Organization, October 2, 2016.

NARA. National Archives and Records Administration Performance and Accountability Report. 2011.

National Archives and Records Administration, *Fiscal Year FY 2013 Agency Financial Report*, 2013.

Report to the Chairman, Committee on Government Reform. House of Representatives. Clinton Administration's Management of Executive Office of the President's E-Mail System. 2001.

Riley, Russel. *The White House as a Black Box: Oral History and the Problem of Evidence in Presidential Studies*. Political Studies, 2009.

Sax, Joseph. *1Playing dart with a Rembrandt: Public and Privacy right in cultural treasure*. Ann Arbor: University of Michigan Press. 1999.

Smith, Nancy Kegan. "Escorting a Presidency into History NARA's Role in a White House Transition". *NARA Prologue*, Winter 40(4). 2008.

The Moody Series on Bipartisan Leadership, *Presidential Transitions in a Bipartisan Setting*, July 11, 2016, George.

United States Department of Justice. Reining in the Imperial Presidency : Lessons and

Recommendations Relating to the Presidency of George W. Bush, 2009.

Wilson, Don W. Presidential Records: Evidence for Historians or Ammunition for Prosecutors. Government Information Quarterly, 14., 1997.

미국 국립기록청(NARA) 웹사이트 http://www.archives.gov/

# 독일 최고 행정기관의 기록물 이관 제도와 한국을 위한 시사점

노 명 환

한국외국어대학교 대학원 정보·기록학과 교수

## 1. 머리말

독일 최고 행정기관의 기록물 이관문제를 제대로 이해하고 시사점을 얻기 위해서 우리는 독일의 기록관리와 행정제도 그리고 민주주의 역사와 현황에 대해서 잘 파악할 필요가 있다. 독일의 기록관리제도와 행정제도는 역사적으로 매우 긴밀하게 상호발전하여 왔다. 독일의 민주주의는 제2차 세계대전 후 나치시대에 대한 철저한 반성을 통해 그 어느 나라의 것보다도 모범적으로 발전해 오고 있다. 이러한 역사와 모범적인 민주주의는 독일 최고 행정기관의 독특한 기록물 이관제도를 위해 매우 우호적인 사회·문화적 풍토와 환경을 제공해주고 있다.

본 장에서 필자는 제2차 세계대전 후 독일인들의 기록관리 역사에 대한 반성과 새로운 가치의 실현을 위한 노력에 대해 살펴본다. 이어서 나치시대에 대한 반성과 새로운 행정제도 도입, 민주주의 발전, 새로운 기록물 관리 제도를 위한 노력을 분석한다. 그리고 최고 행정기관의 위상과 기록물의 이관과 관련한 특징들 및 그 의미에 대해서 생각해 볼 것이다. 이를 위해 우리는 독일에 대통령(수상)기록물 혹은 대통령(수상)기록관이라는 개념과 제도가 존재하지 않는다는 사실에 주목하고 그 이유를 묻는 것에서부터 시작할 필요가 있다. 후임자의 임기가 끝났을 때 전임자 행정 업무 시기의 기록물들이 이관되는 이유와 그렇게 할 수 있는 제도의 원동력에 대해서 알아보고 한국을 위해 중요한 시사점들을 정리한다. 1990년 독일의 통일 이후 기록관리에 관한 동독의 제도가 서독에 흡수되었다. 따라서 본 장에서는 서독의 기록관리제도와 통일 이후 독일의 기록관리제도를 연장선상에서 다룰 것이다.

또한 디지털 시대에 독일이 직면했던 기록관리의 상황과 해결의 길을 찾아가는 과정에 대해서도 살펴본다. 특히, 디지털중간기록보존소(Digitalzwischenarchiv) 프로젝트에 대해 알아본다.

## 2. 독일 기록관리의 역사적 경험과 반성 그리고 새로운 방향

독일에서는 봉건제적 통치 질서가 중심이 된 중세시대에 기록관리가 중요한 통치의 수단으로 자리 잡았다. 봉건 통치자들이 피지배자들을 복종시키고 강제하는 수단으로서 기록관리를 활용하였다. 의도적으로 그리고 선택적으로 보존·관리된 기록들은 통치자들이 원하는 방향으로 피지배자들을 순치시킬 수 있는 메커니즘으로 작용하였다. 통치자와 피치자 간에 봉건 계약을 맺는 경우, 치자에게 유리한 방향의 기록들을 보존하여 필요할 때 활용하였다. 즉, 추후 피지배자의 불복종 내지는 충성의 이완이 일어날 때 이를 증거로 하여 통치를 강화하였다. 이러한 정치적 목적을 위해 기록관리는 철저히 비밀 속에서 이루어졌다.[1] 통치자의 이러한 통치 메커니즘을 위하여 모든 기록들을 관리해 주는 행정담당자로서 칸츨러(Kanzler)가 있었다. 칸츨러의 역할과 권위는 영주를 받드는 행정제도에서 최고의 것이었다. 그만큼 당시의 권위적인 통치는 기록관리에 의존하고 있었으며 기록관리 행정 담당자의 위상이 높았다. 칸츨러(Kanzler)는 오늘날 독일연방공화국의 수상이라는 헌법기관의 명칭이다. 이런 의미에서 역사적으로 보면 수상(Kanzler)은 국가 기록관리를 하는 직책의 전문가를 뜻한다. 영국에서는 챈슬러(Chancelor)라고 한다. 이러한 영주에 의한 통치 체제, 영주령(領主領)으로부터 영방(領邦)의 국가 체제가 발전하였다. 또한 중세의 문서관리에 의한 통치 체제로부터 근대의 행정 제도가 발전하였다. 행정제도의 근간으로 문서에 의한 행정, 즉 관료제도(Bürokratie)가 발전하였다. 독일어 Büro는 책상을 말하고, 책상은 문서를 만들고 소통하고 관리하는 곳이었다. 따라서 Büro는 사무실을 뜻하기도 했다. 독일어 Kratie는 통치제도를 뜻하는 것으로, Bürokratie는 문서를 만들고 소통하고 관리하는 것에 의한 통치를 말한다. 이를 관료제도로 이해하게 되었으며, 베버(Max Weber)에 의해 학문적으로 더욱 체계화되었다. 이러한 관료제도는 행정의 설명책임성, 추증가능성, 투명성, 연속성을 가능하게 할 수 있었다. 영방(領邦)들로 이루어진 독일이 1871년 통일되어 제2 독일제국을 이루었을 때, 이러한 관료제도에 의한 독일의 근대국가 행정체계가 급속히 발전하였다. 독일은 이러한 관료제도에서 전 세계에서 뛰어난 나라가 되었다. 이를 통해 행정의 조직화, 통치행위의 체계화가 가속화 되었다.

그런가 하면 중세 시대 통치 수단으로서의 기록관리의 역할이 독일의 낭만주의, 역사주의와 민족주의 시대를 거치면서 국가 역사를 연구하는 수단으로 변화하였다. 낭만주의란 국가와 민족의 오늘의 영광을

---

1) 김현진, 「독일기록관리 담론에서의 평가론」, 『기록학연구』 14, 2006, 330쪽.

위해 과거 속에서 민족의 뿌리와 발전의 흔적을 찾아나서는 시대 사조
였다. 이렇게 오늘의 영광과 연결되는 과거를 성찰하는 작업에서 기록
이 중요한 매개체가 되었다. 기록관리 제도는 이를 효율적으로 운용할
수 있는 수단이 되어 이를 바탕으로 역사 연구가 활발히 수행되었다.
이러한 시대의 정점에 근대 역사학의 아버지라 불리는 랑케(Leopold
von Ranke)와 그의 제자들, 지벨(Heinrich von Sybel)과 레만(Max Lehmann)
같은 사람들이 있었다. 이와 함께 소위 말하는 역사주의(Historismus)
시대가 전개되었다. 사람들은 모든 것의 본질을 역사에서 찾았고, 역사
는 모든 것의 진리를 위한 절대 절명의 기준이 되었다. 독일의 민족주
의 전개는 이러한 낭만주의와 역사주의, 그리고 이를 뒷받침해 주는
기록관리와 역사연구에 힘입었다.[2]

관료제도와 역사주의는 철저한 기록관리가 필요한 독일의 중요한
두 영역이었다. 역사주의는 역사를 통해 형성된 모든 존재의 개체성을
중시하고, 모든 현상의 본질을 역사를 통해 인식하고자 하였다. 그런데
역사주의자들은 이 개체성의 단위를 국가와 민족으로 설정했다. 민족
의 영광을 위해서 기록이 그리고 기록관리가 왜곡되고 조작되는 경우
들도 많이 발생했다. 이런 경우 앞에서 설명한 봉건시대의 영주를 위
한 기록관리 시스템이 민족주의를 위한 도구로 환생하는 것 같았다.
객관적인 역사서술을 위한 수단으로서 기록관리라는 개념을 랑케와
같은 역사학자들은 열정적으로 주장하고 학문세계에서 실현하고자 노
력하였지만, 현실 정치 세계에서는 민족주의를 위한 수단의 역할을 넘

---

2) Ernst Posner, "Some Aspects of Archival Development since the French Revolution",
*American Archivist*, Volume 3, Issue 3 (July 1940); 노명환, 「19 세기 독일의 역
사주의 실증사학과 기록관리제도의 정립: 랑케, 지벨 그리고 레만과 출처주
의/원질서 원칙」, 『기록학연구』 14, 359-388쪽.

어설 수 없었다.

이러한 경향은 나치 시대에 더욱 극단적으로 나타났다. 나치의 정당성과 체제적 목표 실현을 위해 기록과 기록관리는 임의적으로 왜곡되고 과장되고 조작되었다. 그런가 하면 나치의 범죄적 정책 수행을 위해 기록관리가 또한 동원·활용되기도 하였다. 예를 들어, 유태인을 탄압하기 위하여 유태인 혈통을 밝혀내는데 기록관리가 이용되었다. 나치체제에 반할 수 있는 사람들을 감시하기 위하여 이들에 대하여 일일이 기록하고 그 기록들을 보존하게 하였다. 결과적으로 기록관리는 반인륜적인 범죄의 실행을 가능하게 하고 공포사회를 유지하는 수단으로서 사회 통제 기능을 수행하였다. 이러한 사회에서 기록과 기록관리 제도는 참으로 무서운 사회적 흉기였다.[3]

기록관리와 관련하여 이러한 무서운 경험을 한 독일인들은 제2차 세계대전 후 민주주의를 실현하면서 나치 시대의 기록관리의 역할에 대해 치열한 반성을 하였다. 학자들과 전문가들은 이러한 반성을 역사적으로 거슬러 올라가 중세 시대의 기록관리의 어두운 측면과 연결시켜 성찰하기도 했다. 그들의 냉철한 자각에 따르면 기록관리를 수행하는 것이 무조건 사회적으로 긍정적인 역할을 하지 않는다는 점이었다. 기록관리는 사회를 위해 어두운 혹은 밝은 역할을 동시에 수행하는, 즉 양면성을 가지고 있음을 분명하게 깨달아야 했다. 따라서 기록관리를 하는 사람 그리고 그 사회가 중요했다. 그들의 목적과 행위가 옳게 서 있어야 했다. 그런데 무엇이 옳은가 하는 점에 깊은 사유와 성찰을 필요로 했다. 이는 이러한 옳음을 위해 구체적으로 기록관리를 어떻게 해야 하는가? 하는 방법론의 고민으로 이어졌다.

---

[3] Eric Ketelaar, "Archival Temples, Archival Prisons: Modes of Power and Protection", *Archival Science*, 2002, p.226.

이 과정에서 독일의 기록관리 전문가들은 기록의 본질에 대해 보다 깊은 고민들을 하기 시작하였다. 관리되는 기록은 그 자체로서 인간 사회를 위해 긍정적으로 역할을 하는 것이 아니었다. 그것의 여부는 사람에게 달려 있었다. 기록관리를 어떻게 서비스하고, 어떻게 이용하고의 효과가 그것을 수행하는 사람에게 달렸음을 보다 깊이 생각하였다. 이러한 연장선상에서 한스 붐스(Hans Booms)의 인식론적 평가론이 등장하였다. 이에 따르면 기록의 평가는 물론 기록관리의 중심에 인간이 있었다. 인간이 성숙해져야 했다. 기록관리는 이것을 위해 기여해야 했다. 또한 역으로 인간이 이 성숙성을 가지고 기록관리를 수행해야 했다.

이러한 고민 속에서 서독의 전문가와 사회 구성원들은 기록관리를 민주주의 발전의 동력과 기제(mechanism)로 정착시키는데 모든 노력을 집중했다. 이리하여 국민들은 기록관리를 통치 권력의 수단 내지는 정쟁의 방편으로 사용하는 것에 대해 매우 민감한 문제의식을 갖게 되었다. 이는 기록관리를 위한 윤리의식, 사회적 반성과 맞물리게 되었다. 이러한 역사과정이 전후 서독 사회에서 기록관리의 사회적 성격을 변화시키고 동시에 이것을 엄중한 여론의 감시하에 놓이게 하는 결과를 낳았다. 기록관리를 위한 사회·문화적 토양이 매우 탄탄하게 자리 잡게 된 것이다.

## 3. 독일의 과거사 청산에 기반한 연방제와 의원정부제의 확립과 최고 행정 기관 기록물관리 제도

히틀러 나치 시대에 잔혹한 반인륜적 범죄와 함께 세계적 전쟁을 일으켰던 독일인들은 전후에 이에 대한 철저한 반성을 하였다. 그들은 다시는 이러한 범죄가 일어날 수 없도록 제도적으로 단단한 장치들을 마련하고자 하였다. 이러한 노력의 일환으로 독일인들은 전후에 국가 시스템에서 연방주의를 채택했고 대통령 중심제가 아닌 의원정부제를 채택했다. 그들은 중앙집권제가 권력을 중앙에 집중시켜 독제체제를 가능하게 하고, 부패하게 되었고 결국 전쟁을 일으키는 원인이 되었다고 반성했다. 그래서 연방주의 제도를 채택하여 각 지역으로 권력을 분산시키고자 하였다. 이는 행정의 자치와 분권을 강조하는 원칙을 의미했다. 행정의 전문성과 독립성을 강조하면서 상호 연계 및 연속성과 체계성을 중시했다.

또한 의원정부제를 통하여 연방 대통령은 상징적인 차원에서 대외적으로 국가를 대표하는 지위를 갖게 하였다. 실질적인 정부 및 국가 수반의 역할을 연방 수상이 맡았다. 그의 역할은 기능적인 업무 수행에 보다 초점이 맞추어 졌다. 이러한 수상은 의회에서 선출되고 의회에 의해 해임될 수 있도록 했다. 최고 통치 권력을 담고 있는 행정 기관으로서 대통령과 수상의 이러한 제도적 특징은 최고 권력이 한 사람에게 집중되는 것을 막기 위한 노력의 결과였다. 즉, 나치시대에 히틀러 독재체제를 뒷받침한 영도자 원리(Führerprinzip)에 의한 과도한 권력 집중의 재발을 막기 위한 반성의 산물이었다. 즉, 이러한 제도변화의 궁극적인 목적은 독제체제의 등장을 원천 봉쇄하고 민주주의를 완전히 실현하는 데 초점이 맞추어졌다.

이렇게 하여 제2차 세계대전 후 냉전의 전개 속에서 분단된 독일의 한편에서 출범한 독일연방공화국(서독)을 건국하면서 서독 사람들은 대통령과 수상은 하나의 행정 기능적인 헌법기관일 따름이고 최고 통치자로서 특권의 지위를 갖는 직책이 아님을 분명히 했다. 권력이 엄

격하게 통제되고 권력의 수행과정은 투명하게 국민들에게 전달되고
그리고 그 내용들은 역사적으로 후손들에게 전수되어야 했다. 이를 위
해 최고 행정기관 기록물의 민주주의와 문화유산의 관점에 따른 관리
에 대한 필요성이 크게 강조되었다. 앞에서 말한 대로 기록관리는 민
주주의에 봉사하는 수단이 되는 방향으로 그 성격이 변화되어야 했
다.[4] 이러한 관점에서 대통령과 수상의 기록물들은 다른 헌법기관들
의 기록물과 동일한 원칙에 의해서 관리되어야 했다. 이것이 독일에
대통령(수상)기록관 제도와 개념이 존재할 수 없게 된 이유였다.

독일연방공화국(서독)은 전 세계의 놀라운 주목 속에서 빠르게 그리
고 모범적으로 민주주의를 발전시켜 갔다. 그런데 이러한 민주주의 발
전의 수단으로서 행정 기록물의 관리, 특히 최고 행정기관의 기록물관
리가 전 국민들의 뜨거운 관심의 대상이 되었다. 이에 대해서 소홀히
하는 것은 최고 행정 책임자는 물론 정치가와 행정가, 즉 행정 영역의
전문 실무자들의 자질을 의심케 하는 중요한 요인으로 작용하게 되었
다. 하물며 관리되는 기록을 정쟁의 도구로 사용하는 것은 국민에 의
해 용납될 수 없는 정치 · 사회 문화 풍토를 만들어 갔다.

전후에 독일 연방공화국(서독)이 실행한 히틀러 나치시대에 대한 과
거청산의 실질적 작업에서 기록관리 기관들의 활약은 눈부신 것이었
다.[5] 이러한 역사적 경험들을 통해 민주주의와 기록관리의 상관관계

---

[4] 그런데 이와는 달리 동독의 기록관리제도는 나치체제와는 또 다른 차원의 독
재체제를 위해 봉사했다. 예를 들어, 국가안보국인 슈타지(Stasi)의 기록관리
가 그것을 대변했다. Friedrich P. Kahlenberg, "Democracy and Federalism:
Changes in the National Archival System in a United Germany", *American Archivist*,
1992, pp.73-74.

[5] Klaus Oldenhage, "Prosecution and Resistance, Compensation and Reconciliation:
Two Repressive Systems in one Country", *International Journal on Archives*, 2004,
p.78.

에 대한 강력한 국민적 합의가 이루어졌다. 즉, 행정 기록물에 대한 철저한 관리는 행정의 투명성, 설명책임성, 연속성을 보장하고, 국민 참여에 입각한 민주주의를 실현하게 하는 핵심적인 요소라는 데에 전 국민적 공감을 확보하게 되었다. 이러한 행정과 사회를 위해 기록관리제도는 보물이었다. 최고 행정책임자는 물론 어느 정치가 또는 행정가도 이러한 기록관리를 소홀하게 대할 수 없는 국민 정서적·제도적 틀과 문화를 정착시켜 나갔다. 현재 독일의 철저한 기록관리를 이해하기 위해서는 이러한 독일인들의 치열한 역사반성과 눈부신 민주주의 발전 사이의 상관관계의 역사적 맥락을 이해할 필요가 있다.[6] 독일에서는 기록관리를 세세한 법령으로 일일이 통제하지 않아도 대부분 민주주의 질서 속에서 자율·모범적으로 실행되고 있는데, 이것은 위에서 설명한 역사적 경험과 국민들의 의식수준에 그 기초를 두고 있다.

## 4. 독일의 일반 행정 기록물과 최고 행정 기관 연방대통령과 연방수상 기록물 이관제도

### 1) 일반적인 행정 기록물의 이관 제도

독일의 행정 기록물 관리제도는 위에서 언급한 대로 오랜 전통을 가지고 있으나 국립기록보존소는 1919년에 설립되었다. 제2차 세계대전 후에는 동독과 서독으로 분단되면서 기록보존소 제도와 기능도 분리

---

6) 노명환, 「냉전시기 분단국에서 기록관리의 국가·사회적 역할: 독일연방공화국과 대한민국의 아카이브 역사에 대한 비교를 중심으로」, 『역사문화연구』 32집, 2009, 220-221쪽.

되었다. 국립기록보존소가 동독 지역인 포츠담(Potsdam)에 위치한 관계로 서독은 새롭게 국립기록보존소를 만들어야 했다. 그것이 코플랜츠(Koblenz)에 위치한 연방기록보존소(Das Bundesarchiv)이다. 이 연방기록보존소는 1945년에서 1949년까지의 미국, 영국, 프랑스 점령지역에서 생산된 행정기록과 1949년 독일연방공화국(서독)이 건국된 이후 연방차원에서 발생한 행정 기록들을 B국(Abteilung B)에 보존해 오고 있다. 여기에서 B는 전후의 연방공화국(Bundesrepblik) 제도를 의미한다. 이에 반해 1945년 이전의 기록들을 R국(Abteilung R)에 보존해 오고 있다.7) 여기에서 R은 전전의 제국(Reich)을 의미한다. 이리하여 본 연구의 대상인 독일 연방 대통령과 수상의 기록들은 연방기록보존소 B국에 보존되어 있다.

외무부 기록들은 외무부 기록보존소(PAAA)8), 국방부 기록들은 군사기록보존소(MA)9)에 보존된다. 1990년 독일이 통일된 후에 국립기록보존소들도 통합되었다. 독일민주공화국(동독, DDR Deutscher Demokratischer Republik)이 독일연방공화국(서독)에 편입되는 방식으로 통일된 것처럼 국립기록보존소도 동독의 것이 서독의 것에 흡수되는 방식으로 통합이 이루어졌다. 동독 시기의 공기록들은 연방기록보존소 DDR국(Abteilung DDR)에 보존하게 되었다. DDR은 동독(Deutsche Demokratische Republik)을 의미한다. 통일 이후의 독일전체 지역(구동독 지역 포함) 행정기록들은 연방기록보존소의 B국에 보존되었다.

---

7) B는 독일연방공화국(Bundesrepublik Deutschland)을 의미하며, R은 독일제국(Deutsches Reich)을 의미한다. 필자의 앞선 연구에서 Abteilung을 과로 번역하였으나 본 글에서는 국으로 번역한다.

8) 외무부 기록보존소는 독일연방공화국의 수도가 본(Bonn)일 때는 Bonn에 통일 후 베를린(Berlin)으로 옮긴 후에는 Berlin에 소재하고 있다.

9) 프라이부르크(Freiburg)에 소재하고 있다.

그런데 독일의 행정 기록물 관리제도, 특히 이관문제에 대해 이해하기 위해서는 1965년부터 정착된 '중간기록보존소(Zwischenarchiv)' 제도에 주목할 필요가 있다. 독일어 'Zwischen'은 '사이'를 의미하고 영어의 'between'에 해당하며 'Zwischenarchiv'는 행정 기록물 생산기관인 정부기관과 보존기관인 연방기록보존소 사이의 중간역할을 하는 기록보존소라는 뜻이다. 이는 연방기록보존소(Bundesarchiv) 관할하에 있다.[10] 'Zwischenarchiv'는 '중간기록보존소'로 번역될 수 있으며 미국의 '연방레코즈센터(Federal Records Center)'와 유사한 기능으로 이해될 수 있다. 독일 통일 전에는 코플랜츠(Koblenz)로부터 가까운 곳인 셍 아우구스틴 한굴라르(ST. Augustin-Hangular)에 유일하게 Zwischenarchiv가 자리잡고 있었다. 통일 후에는 달비츠-홉페가르텐(Dahlwitz-Hoppegarten)에 추가적인 Zwischenarchiv가 설립되었다. 전문가들은 독일의 중간기록보존소(Zwischenarchiv)의 기능과 역할이 매우 중요하다고 말한다.[11] 기록물의 성격이 현용기록에서 보존기록으로 이곳에서 변하게 된다. 그 권한도 행정의 영역으로부터 기록관리의 영역으로 변한다. Zwischenarchiv는 독일연방기록보존소의 영역이다.

행정 기관에서 기록이 생산되면 이 기록들은 독일 오랜 전통의 분류

---

[10]  Anette Meiburg, "Die Zwischenarchive des Bundesarchivs. Ein Gewinn füur Verwaltung und Archiv", *Forum* (Das Fachmagazin des Bundesarchivs), Ausgabe 2015: "Die Zwischenarchive des Bundesarchivs – Geschichte, Praxis und Zukunft", pp.21-25.

[11]  Kerstin Schenke, "Zwischen „Niemandsland" und Rechtsanspruch. Zur Praxis der Zwischenarchive", *Forum* (Das Fachmagazin des Bundesarchivs), Ausgabe 2015: "Die Zwischenarchive des Bundesarchivs – Geschichte, Praxis und Zukunft", pp.26-35. 2012년 연방기록보존소 부소장인 Angelika Menne-Haritz 교수와의 이메일을 통한 상담. Menne-Haritz 교수는 독일 기록관리제도에 있어서 '중간기록보존소(Zwischenarchiv)'의 중요성을 대단히 강조한다.

시스템(Aktenplan)에 따라 등록되게 되어 있다. 이 과정을 등록부서의 등록관리인(Registrator)들이 책임을 지고 관리한다. 이러한 제도를 등록소제도(Registratur System)라고 부른다. 등록관리인은 행정공무원이면서 문서관리에 대한 특별훈련을 받은 전문가들이다. 이들은 요즈음 흔히 말하는 레코드 매니저(Records Manager)라고 할 수 있다. 각 행정기관에서 등록부서의 등록관리인들은 전문성을 가지고 독립적으로 일한다. 이들의 역할이 행정 전체의 투명성과 체계성을 담보할 수 있기 때문에 이들 지위에 대해 국가와 국민들은 특별한 관심을 갖는다. 베버(Max Weber)가 독일 근대의 행정제도는 문서와 문서관리에 기반한다고 말했을 때 바로 이러한 시스템을 지칭하는 것이었다. 바로 이러한 시스템을 통해 독일에서 출처주의원칙(Provenienzprinzip)과 원질서원칙(Ursprüngliche Ordnung)이 기록에 대한 정리·기술 및 평가에 대한 기준으로 자리 잡을 수 있는 바탕이 되었다.[12]

　등록소제도에 의해 분류·등록된 공공기록물들은 현용 가치가 소멸되었다고 판단될 때 중간기록보존소로 이관된다. 이관 시기는 생산기관이 정한다. 중간기록보존소는 연방기록보존소에 속하며 이곳에서의 모든 기록관리 업무는 아키비스트들에 의해 이루어진다. 그 기록물들은 여기에서 법으로 정해진 보존연한 시점까지 보존된다. 물론 이 시기에도 기록물 생산기관이 공무상의 이유로 이용 필요성을 제기하면 열람 및 대여서비스가 제공된다. 이러한 과정의 중간기록보존소에서 영구보존을 위한 기록물들이 선별되고 분류, 평가, 정리, 기술된다. 생산기관에서의 출처에 의한 원질서가 아키비스트들에 의해 다시 정립되는 것이다. 소위 자유출처주의원칙(freies Provenienzprinzip)에 의해

[12] 노명환, 「19세기 독일의 역사주의 실증사학과 기록관리제도의 정립: 랑케, 지벨 그리고 레만과 출처주의/원질서 원칙」, 359-388쪽.

기록의 정제와 조직화 작업이 이루어진다. 이곳에서 이루어지는 정리
기술·평가 선별은 연방기록보존소의 권한에 속한다. 이러한 자유출처
주의는 19세기 말 20세기 초에 아키비스트로 활동한 독일의 브레네케
(Adolf Brenneke)가 주창하여 독일의 평가 원칙으로 정착된 것이다. 이
선별작업은 주로 역사적 가치를 따지면서 이루어졌기 때문에 전반적
으로 역사학 전공 아키비스트들에 의해 수행되었다. 전통적으로 독일
의 아키비스트들은 대부분 역사학 전공자들이었고 오늘날도 그러한
현상이 이어지고 있다. 브레네케가 주장한 독일의 자유출처주의는 영
국의 젠킨슨(Hilary Jenkinson)이 생산기관에서 결정된 출처주의 원질서
를 엄격하게 지켜야 한다고 주장한 것과 대립각을 세웠다.[13]

중간기록보존소에서 분류, 평가, 정리, 기술 작업이 종료된 후에 연
방기록보존소로 이관되며 비밀보존 연한이 만료되면 이 기록들은 공
개되고 일반인들의 활용을 위해 서비스된다.

## 2) 최고 행정 기관 연방대통령과 연방수상 기록물의 이관 과정과 제도[14]

앞에서 언급한 대로 독일에서는 특별히 대통령기록관 또는 수상기
록관이라는 개념과 제도가 존재하지 않는다. 무엇이 대통령 기록인지
또는 수상 기록인지에 대한 명확한 개념규정도 없다. 대통령과 수상은
연방헌법기관들 중의 하나이며 이들의 기록들은 연방헌법기관 기록

---

13) 이러한 자유출처주의를 브레네케의 제자인 포스너(Ernst Posner)가 히틀러 집
   권 이후 미국으로 망명하면서 전파하였다.
14) 이 연구를 위해서 연구문헌들을 통한 조사 외에 연방기록보존소의 부소장 Angelika
   Menne-Haritz 교수 그리고 B국 담당자 Kerstin Schenke 씨와의 이메일을 통한
   상담이(2012년 8월) 또한 주효했다.

관리라는 개념의 범주에서 다루어진다. 연방대통령 및 연방수상 기록들은 여타의 행정 기록물처럼 처리된다. 즉, 연방대통령과 수상의 기록들은 독일 연방의 다른 행정 기관들의 기록들처럼 중간기록보존소 (Zwischenarchiv)를 통해 독일연방기록보존소 B국에 이관된다. 이렇게 특별히 대통령기록관 또는 수상기록관이 존재하지 않고 그 개념이 명확히 정의 내려져 있지 않는 것은 앞에서 언급한 것처럼 무엇보다도 대통령직과 수상직을 특별한 지도자 기능으로 인식하지 않으려는 독일인들의 역사반성에 근거한다. 여기에는 다른 행정 기관들과의 평등권 관점도 작용한다.

독일의 최고 행정 기관 기록관리 제도를 이해하는데 있어서 행정제도 전반을 정확히 이해할 필요가 있다. 무엇보다도 그 행정제도가 작동되는 문화를 이해할 필요가 있다. 행정 기록관리제도는 이러한 행정제도의 일환이고 그 풍토 속에 자리 잡고 있기 때문이다. 예를 들어, 독일에서는 미국과 같은 대통령 기록관리 전문기관인 대통령도서관을 설치하기가 문화적으로 어려운 측면이 있다. 왜냐하면 독일인들은 나치시대를 겪으면서 이러한 최고통치자의 개인기록물을 관리하면서 그 개인을 기념하는 행위에 대해 매우 부정적인 여론을 갖게 되었기 때문이다. 대통령 및 수상의 기록보존소가 정당 재단의 기록보존소 안에 있는 경우가 있다. 이 경우에도 그 정치인 개인에 대한 기념과 같은 기능은 철저히 배제되고 그의 정치철학과 정치 행위 등에 대한 객관적인 연구가 추구된다. 예를 들어, 사민당, 즉 프리드리히 에버트 재단 기록보존소 안에 빌리 브란트 아카이브즈가 이러한 기능을 수행하고 있다. 독일에서는 정당의 상징적인 정치가의 철학과 정책 및 삶을 연구하면서 정치교육을 수행하는 일을 각 정당의 재단들이 수행하는데, 예를 들어, 기독민주연합의 콘라드 아데나워 재단, 사민당의 프리드리히 에

버트 재단 등이 있다. 각 정당들은 재단의 활성화를 통해 정치지도자들의 정치철학과 리더십을 정치교육을 위해 활용한다. 이때 각 정당의 기록보존소들은 이러한 재단의 활동을 위해 가장 기본적이고 핵심의 기능을 수행한다.

이러한 현상들은 앞 장에서 언급한 대로 나치시대 히틀러의 영도자 원리(Führerprinzip)에 대한 반성에 기초하고 있다. 연방대통령을 상징적인 대외 대표자로 설정하고 실질적인 권한을 의회의 통제하에 있는 연방수상에게 부여하는 원리와 같은 이치다. 대통령과 수상이 특별한 지도자가 아니라 다른 헌법기관들과 같이 평등한 기능으로 인식되는 것처럼 대통령기록과 수상의 기록 또한 일반의 행정 기록물관리 법 절차에 준해서 다른 헌법기관의 기록들과 평등하게 취급되어야 하는 것이다.

연방대통령 및 연방수상의 행정기능을 통해 발생한 기록들은 등록소제도를 통해 등록된다. 대통령실(Presidialamt) 및 수상실(Kanzleramt)에는 등록관리인(Registrator)이 있으며 이들의 독립된 그리고 전문화된 역할을 통해 모든 생산 기록들은 독일의 전통적인 분류체계(Aktenplan)에 따라 등록된다. 등록관리인의 업무와 권한은 연방기록보존소(Bundesarchiv)의 영역이 아닌 행정 영역에 속한다.

등록된 기록들은 해당 대통령 및 수상의 퇴임 시에 연방기록보존소로 이관되지 않는다. 후임 대통령 및 수상의 행정 참고를 위해 등록관리인들에 의해 지속적으로 관리되며 서비스 된다. 이 기록들은 주로 실질적인 업무에서 발생한 기록들(Sachakten), 법안 및 법률기록들(Gesetzesmaterialien)이다. 이 기록들의 행정적 참고를 위한 기능과 역할들이 끝났다고 판단될 때 연방기록보존소 산하의 중간기록보존소(Zwischenarchiv)로 이관된다. 비밀보존 연한이 만료될 때까지 대통령 및 수상의 행정 기관 등록소에서 보존되는 경우에는 기록의 열람 서비스가 이곳에서 이루어져야 한다. 그러나 대부분 후임 대통령의 임기 후에 연방기록보존소 산하 중간기록보존소로 이관된다. 청원서(Petitionen), 축하전문(Glückwünsche) 등은 특별히 후임대통령의 참고의 대상이 되지 않는 기록들로 여겨지며 임기 중에 중간기록보존소(Zwischenarchiv)로 보내져 폐기되거나 연방기록보존소(Bundesarchiv)로 이관된다.[15]

등록관리인들과 마찬가지로 비서실의 여러 행정직들은 임명직이 아니며 권력으로부터 독립되어 있다. 이들에게 권력들이 압력을 행사하는 일은 또한 크게 여론의 질타를 받을 수 있다. 이러한 경우 법적인 책임을 져야 한다. 그런데 현실에서 그러한 일이 거의 일어나고 있지 않다. 후임 대통령 및 수상의 임기 후에 이관되는 이유는 위에서 언급한 바대로 후임 대통령 및 수상이 업무상 참고를 위해 전임 대통령 및 수상 시기의 기록들을 즉각적으로 볼 수 있도록 하기 위해서다. 즉, 현안의 사안들이 전임 대통령 및 수상 때 어떻게 결정되었고 왜 그렇게 결정되었는가를 즉각적으로 알 수 있도록 하기 위해서인데, 무엇보다도 업무의 연속성, 투명성, 설명책임성을 보장해 주기 위한 방식이다. 이러한 측면에서 기록관리 행위의 의미는 무엇보다도 행정 행위가 설명책임 의무(Rechenschaftspflicht von Verwaltungshandeln), 추증가능성(Nachvollziehbarkeit von Verwaltungshandeln), 투명성(Transparenz von Verwaltungshandeln)을 최적으로 실현하도록 도와주는데 있다. 기록관리에 기반한 이러한 행위들이 최적으로 실현될 때 민주주의와 최적의

---

15) Kerstin Schenke, "Zwischen „Niemandsland" und Rechtsanspruch. Zur Praxis der Zwischenarchive", *Forum* (Das Fachmagazin des Bundesarchivs), Ausgabe 2015: "Die Zwischenarchive des Bundesarchivs – Geschichte, Praxis und Zukunft", pp. 26-35; 앞의 글의 저자인 독일 연방기록보존소 B국 담당자 Kerstin Schenke 씨와의 이메일을 통한 상담 결과.

행정 업무 효율성이 가능하다는 것이다.[16] 이러한 관점에서 독일 국민들은 기록관리의 가치를 깊이 인식하고 이를 존중한다. 독일연방공화국에서 행정행위가 최적으로 설명책임 의무를 이행하고, 연속성과 투명성을 확보해서 민주주의를 유지ㆍ발전시켜야 한다는 점을 기본법(헌법) 20조와 28조에서 규정하고 있다.[17]

　이러한 독일의 사례는 여러 심대한 시사점을 우리에게 준다. 첫째로 이명박/박근혜 정부 때의 한국 대통령 기록관리 상황을 생각할 때, 전임자의 기록이 후임자의 업무 참고를 위해 계승된다는 것은 상상하기 어렵다.[18] 이것은 기록이 정쟁을 위해 사용될 수 있는 가능성을 통째로 열어주는 위험한 행위일 수 있겠다. 그런데 독일에서는 이러한 제도가 실제로 작동하고 있다. 이것은 무엇보다도 기록이 정쟁을 위해 사용되는 것을 막을 수 있는 제도적 장치와 국민 의식적 수준이 성숙되어 있기 때문에 가능하다. 앞에서 언급했듯이 비밀보호 중에 있는 행정 기록을 행정의 연속성을 위해 사용하는 것이 아니라 정쟁을 위해 사용하는 것은 법으로 금지되어 있다. 뿐만 아니라 그러한 상황을 야기하는 공인은 국민정서상 용납되지 않는다. 이러한 행위는 구체적으로 기본법(헌법) 20조와 28조를 위반하는 것이다. 따라서 그러한 일을 야기하는 개인이나 집단 및 정당은 큰 손해를 보게 되어 있다. 즉, 정쟁을 위해 기록관리 제도를 흔드는 행위는 상상할 수 없는 그러한 사회ㆍ문화 풍토를 가지고 있다. 이는 앞에서 설명한 독일인들의 기록관

---

16) 독일 연방기록보존소 B국 담당자 Kerstin Schenke 씨와의 이메일을 통한 상담 결과.

17) Grundgesetz.

18) 노명환, 「박근혜ㆍ최순실 게이트'에서 강조되는 한국 대통령 기록물 관리의 전문성과 독립성의 가치」, 한국외대 정보ㆍ기록학연구소(이전 기록학연구센터)/ 한국기록과ㆍ정보문화학회 편, 『콜로키움 회보』 제60호, 2016.

리 역사와 나치시대에 대한 반성과 새로운 역사를 통해 구성된 시민의
식에 의거한다.

독일에서는 연방 대통령과 수상 기록물의 이관 과정에서 이들의 헌
법적 기관으로서의 기능에 초점이 맞추어지고 이들 개인의 행위라는
관점은 배제된다. 그리하여 이 기록들의 이관과정은 행정업무 차원의
행위라는 특성을 나타낸다. 바로 이러한 관점이 국가 전체적으로 인식
되고 있고 작동할 수 있기에 전임 대통령과 수상의 기록들이 후임 대통
령과 수상에 넘겨져서 업무의 연속성을 위해 사용될 수 있는 것이다.

이러한 환경 속에서 최고 행정기관 책임자들은 업무행위와 더불어
생산되는 기록에 대해서 일절 관여할 수 없게 되어 있다. 궁극적으로
대통령 지정 기록물 관리제도 같은 것이 존재하지 않는 것이다. 그리
하여 기록물의 이관과 관련해서 어떤 조작을 자행할 엄두를 내지 못한
다. 기록관리에 대한 고도의 국민 의식 수준과 체계적인 시스템 덕택
에 독일인들은 정권이 바뀌는 상황 속에서도 최고 행정기관의 업무 연
속성을 담보할 수 있는 것이다. 기록관리제도가 성공적으로 시행되기
위한 토양으로서 기록의 가치와 의미에 대한 시민의식이 얼마나 중요
한지를 크게 깨닫게 해주는 측면이다.

연방기록보존소는 각 부서의 기록담당자들에게 기록관리에 대한 정
보와 교육을 제공하고, 자문을 해주는 역할을 수행한다. 그렇다고 일반
및 최고 행정기관의 기록생산 및 관리는 연방기록보존소의 통제대상
이 되는 것은 아니다. 그래서 연방기록보존소가 행정기관에 인력을 파
견하여 감시와 통제를 하는 일이 없다. 최고 행정기관의 등록관리인
(Registrator)을 중심으로 한 자체 문서관리 시스템에서 통제되고 관리
된다.

연방기록보존소는 중간기록보존소로 이관 이후의 시점부터 이 행정

기록물들을 관리한다. 이때 영구기록물 선정과 폐기는 중간기록보존소에서 이루어지는데 연방기록보존소가 생산기관과의 협의나 통제 없이 단독으로 수행한다. 연방기록보존소의 위상과 역할은 고도로 독립되어 있다.[19]

독일의 최고 행정기관의 기록물 관리와 관련하여 의회의 역할이 대단히 중요하다. 모든 행정 기록물들은 의회가 정한 법에 의해 그 보존연한 그리고 비밀보존연한이 정해진다. 일반적으로 영구보존기록으로 선별된 기록물들의 비밀보존연한은 생산일로부터 계산하여 30년이다. 특별히 비밀보호지정이 필요할 때 대통령실 및 수상실이 연한을 정할 수 있는데 60년을 넘지 않는다. 이때에도 등록관리인들의 역할이 중요하다. 그들의 지위와 업무수행은 철저히 독립되어 있으며, 대통령 및 수상은 자신의 행정행위 기간에 생산된 기록들의 관리에 대해서 일절 권한을 갖지 못한다. 이러한 측면에서 앞에서 설명한 대로 독일에서는 일반적으로 대통령 및 수상의 비밀지정, 즉 '대통령지정기록물'이라는 개념이 없다. 비밀지정이 의회가 정한 법에 의해 이루어지기 때문에 대통령이나 수상은 비밀보호에 대한 자신의 뜻을 표현할 수 없으며 평소 투명하게 행정을 할 수밖에 없다. 비밀해제는 의회가 정한 법에 의해 이루어지며 특별히 비밀보호기간을 연장해야 할 경우 의회가 결정한다. 비밀보호 중에 있는 기록의 공개도 특별한 경우 의회가 결정한다. 일반적으로 의회가 정한 법에 의거하여 자동적으로 처리된다.[20]

---

[19] 이정은, 박민, 윤은하, 「독일 '연방기록물관리법' 분석을 통한 독일 기록관리 법제 연구」, 『기록학연구』 61, 2019, 71-118쪽.

[20] 독일 연방기록보존소 B국 담당자 Kerstin Schenke 씨와의 이메일을 통한 상담 결과.

## 5. 디지털 시대 최고 행정기관의 기록 이관 문제와 디지털 중 간기록보존소(Digitalzwischenarchiv)

앞에서 설명한 바와 같이 출처주의와 원질서 원칙에 기초한 독일의 기록관리 제도는 행정의 설명책임성, 추증가능성, 투명성, 연속성의 장점을 보장해 주었다. 이는 독일의 효율적이고 안정된 행정제도가 발전하는데 중요한 버팀목이 되었다. 그런데 이러한 독일의 기록관리와 행정제도가 디지털 기록 시대를 맞이하여 커다란 위기에 직면하게 되었다.[21] 왜냐하면 디지털 기록은 무한대의 복제가 가능하여 출처주의와 원질서 원칙에 기초한 원본성의 증거능력을 제시하는 것을 불가능하게 하고, 디지털 기록 자체가 휘발성을 갖기 때문이었다. 특히 그들은 디지털 기록이 휘발성의 속성을 갖는 것에 대해 근본적인 문제의식과 두려움을 가졌다. 이러한 상황에서 독일인들은 자신들의 전통적인 기록관리와 행정제도의 장점을 유지하기 위하여 디지털 기록들을 종이기록 상태로 출력하여 보존하고자 하였다. 그러나 이러한 노력은 비용과 업무량의 측면에서 가능한 일이 아니었다. 디지털 시대의 대세를 거스르는 이러한 선의의 노력은 구조적인 문제를 심화시켜 갔다. 디지털 기록의 생산은 늘어갔고 위와 같은 문제의식 속에서 독일의 디지털 기록관리는 대단히 낙후되어 갔다. 선의의 노력은 역설적으로 '디지털의 어두운 중세(digitales finsteres Mittelalter)'라는 현상을 야기했다.[22]

---

[21] Andrea Häger/ Michael Hollmann, "Das Bundesarchiv im digitalen Wandel", *Forum* (Das Fachmagazin des Bundesarchivs), Ausgabe 2018: pp. 8-11.

[22] Michael Ucharim, "Das Digitale Zwischenarchiv des Bundes und seine Bedeutung für das Bundesarchiv", *Forum* (Das Fachmagazin des Bundesarchivs), Ausgabe 2015: "Die Zwischenarchive des Bundesarchivs – Geschichte, Praxis und Zukunft", pp.48-52, p.49.

2010년에 이르러 독일이 4차 산업혁명의 기치를 내 걸면서 디지털 기록에 대한 외면은 더 이상 가능하지 않게 되었다. 독일의 국가적 정책 담당자들과 기록관리 분야는 적극적으로 디지털/데이터 시대에 적응하기로 하였다. 독일인들은 디지털 시대가 이전의 산업혁명의 시기보다 더욱 광범위한 전 사회에 걸친 혁명적 변화를 가져온다는 것을 인지하기 시작했다.[23] 이러한 가운데서 기록의 원본성 개념을 포기하고, 진본성 개념을 본격적으로 추구하기 시작했다. 디지털 기록에 대한 진본성 개념에 의한 증거능력을 확보하고자 하였다. 휘발성으로 인한 기록의 망실을 막을 방법을 적극적으로 첨단 기술의 도입을 통해 찾기 시작했다. 그중에 블록체인 시스템을 채용하는 노력이 대표적이었다.

2013년 전자정부법(E-Government-Gesetz)의 도입으로 이러한 방향의 전자기록관리에 대한 정책이 더욱 구체화되었다. 이 법의 6조는 2020년까지 연방정부, 모든 행정부서, 법원에서 전자문서가 도입되도록 규정했다. 이에 따라 어떻게 전자(데이터) 기록들이 무결하게 저장되고, 보존·활용될 수 있는가? 하는 문제의식이 국가의 중대한 과제가 되었다.

이러한 배경에서 현재 독일 연방기록보존소는 행정기관들의 디지털 기록의 효과적인 이관과 조직화·보존·활용을 위해서 '디지털중간기록보존소(Digitalzwischenarchiv)'를 만드는 과정에 있다. 이 계획은 2016년부터 시작되었다. 앞에서 설명한 바, 중간기록보존소(Zwischenarchiv)가 수행한 역할을 디지털 시대에 디지털중간기록보존소가 수행하도록 하는 것이다. 이러한 가운데 앞에서 설명한 행정 문서 기록물들의 이관을 위한 중간기록보존소의 기능과 역할 그리고 효과를 재현하고자 한다. 디지털(데이터) 시대 최고 행정기관의 기록들의 이관을 위해서도

---

[23] Andrea Häger/ Michael Hollmann, "Das Bundesarchiv im digitalen Wandel", p.5.

디지털중간기록보존소의 기능과 역할은 앞으로 지대할 것으로 예견된다.

이 디지털중간기록보존소는 연방노동청(Bundesagentur für Arbeit: BA) 산하에 놓이게 된다. 이렇게 하여 독일 연방기록보존소는 각 전문기관으로부터 확실한 정보기술(IT) 지원을 받으며, 융합적 업무 체계를 구축할 계획이다. 그리하여 각 업무들의 시너지 효과를 발생시키고, 역으로 이를 통해 기록관리와 관련한 연방 차원의 정보기술 시스템 효과를 견인하고자 한다.[24] 또한 디지털 연방 행정 기록물들이 문화산업을 활성화하는데 기여하고, 광범위하게 교육과 학문을 위해서도 활용될 수 있도록 준비하고 있다. 궁극적으로 디지털(데이터) 기록물 관리 시스템이 4차 산업혁명과 연결되어 발전될 수 있기를 바라고 있다.


## 6. 독일 사례의 특징과 시사점

앞에서 보았듯이 독일의 (최고) 행정기록관리의 가장 큰 특징은 현용 영역에서의 등록관리인(Registrator)의 역할과 비현용 영역에서의 아키비스트(Archivist)의 역할이 전체 행정 시스템에서 각각 독립성과 전문성을 보장받는 가운데 수행된다는데 있다. 이들의 역할이 중간기록보존소를 통해 연결되면서 현용 기록관리와 비현용 기록관리가 조화를 이룬다. 이 체계 속에서 최고 행정의 책임자들은 입법부가 정한 법률에 의거하여 수행되는 기록관리 전문인들의 업무에 따른다. 이들 최고 행정 책임자들은 자신의 업무 속에서 생산된 기록들의 처분에 대해

---

24) Michael Ucharim, "Das Digitale Zwischenarchiv des Bundes und seine Bedeutung für das Bundesarchiv", p.50.

어떤 권한도 행사할 수 없다. 이러한 제도가 실현될 수 있는 것은 앞에서 강조한 것처럼 기록의 가치에 대한 국민들의 인식과 제도 실현에 대한 합의가 매우 높기 때문이다. 이러한 의식 수준은 제2차 세계대전후 부단한 과거사 반성 노력 속에서 획득된 것이었다. 이는 전후 민주주의가 발전하는데 중요한 역할을 했고, 역으로 고도의 민주주의 사회 속에서 또한 가능한 것이다. 즉, 최고 행정 기관 기록의 이관 문제 등 기록관리 전 분야가 제대로 작동하기 위해서 국가 공동체 구성원들의 기록관리 가치에 대한 신념과 이를 실천하는 의식의 수준이 대단히 중요하다는 점을 우리는 이 독일 사례에서 확인한다. 독일의 사례를 통해 민주주의 발전과 기록관리의 상관관계에 대한 국민들의 인식과 의식이 대단히 중요하다는 시사점을 얻을 수 있다. 국민들의 고도의 의식 수준은 최고 행정 기관의 기록관리가 제대로 수행되기 위하여 가장 효율적인 감시 기능으로 작용한다.

독일은 역사적으로 많은 문제점을 갖고 있었지만 수준 높은 민주사회의 실현을 통해 이를 극복해왔다. 이러한 노력의 과정이 기록관리를 엄격한 제도적 통제나 감시에 의존하지 않고 민주주의 원칙에 의거하여 수행하게 하는 기반이 되어 주고 있다. 역으로 우리는 기록관리를 통해 민주주의를 이루고, 효율적인 행정시스템, 투명사회, 상호소통의 거버넌스 사회를 실현해 갈 수 있음을 확인한다. 또한 이를 통해 문화유산의 구축이라는 위대한 업적들을 성취해 갈 수 있다. 따라서 기록관리와 민주주의 사회의 이러한 상관관계를 국민들이 공유하고 실천하는 것이 무엇보다도 중요함을 알 수 있다.

독일의 최고 행정기관 기록물의 이관 사례를 보면서 우리는 행정을 위해 그리고 미래의 문화유산으로서 중요하게 활용될 기록을 정쟁의 도구로 만드는 정치인들에게 엄중한 대가를 치르게 해야 한다는 점도 생각해 볼 수 있다. 그러한 상황을 사전에 막을 수 있는 입법 조치가 필요하다. 우리는 이명박, 박근혜 정부에서 기록과 기록관리가 정쟁의 대상이 되는 상황들을 목격한 바 있다. 이때에 국가적 이익보다는 정략적인 차원에서 정쟁을 의회의 일부 의원들이 주도했다. 독일의 사례는 민주주의가 발전되어 있을 때 기록관리도 제대로 기능할 수 있으며, 기록관리 제도가 제대로 정착되어야 민주주의가 제대로 기능할 수 있음을 보여주는 사례이다. 이러한 내용들이 우리 사회의 시민들에게 알려져서 기록관리의 중요성이 충분히 인식되도록 해야 한다. 즉, 한국의 기록관리가 기능적인 차원에서 뿐만 아니라 정치, 경제, 사회, 문화적 가치가 있다는 것이 전 국민들에게 인식되어야 할 것이다. 이러한 시민들의 인식은 행정 기록관리의 발전, 특히 최고 행정기관 (대통령) 기록물 관리를 위해 커다란 추진력이 되어 줄 것이다. 의식 있는 국민의 눈은 최고 권력 기관들의 기록관리를 제대로 수행할 수 있게 해주는 원동력이 될 것이다.

　그런데 이러한 독일과 같은 최고 행정 기관의 이관 제도가 한국에서 적용되기 어려운 측면들이 있다. 예를 들어, 이관 기록물에 대한 최고 행정 수행자의 비밀 지정 없이 이관 이후의 기록의 관리와 활용에 대해 의회의 통제에 맡기는 것은 민주화가 충분히 이루어지지 않고 시민의식이 충분히 성숙하지 않은 사회에서는 부작용이 클 수도 있다. 왜냐하면 이러한 시스템에서는 최고 행정 수행자들이 불안감을 느껴 기록이관을 제대로 하지 않을 수 있기 때문이다. 의회가 다수당의 힘에 의해 좌우되고 기록이 의회 내에서 언제든 수단 방법을 가리지 않는 정쟁의 도구가 될 수 있는 상황에서 이관된 이후 기록의 운명을 의회에 맡긴다는 것은 퇴임을 앞둔 최고 행정 책임자의 입장에서 대단히 불안할 수 있다. 이러한 측면들이 극복되었을 때 독일과 같이 기록의 비밀 지정과 공개를 의회가 법률제정을 통해 결정하는 시스템을 채택해 볼 수 있을 것이다.

현재처럼 대통령지정기록물 제도를 유지함에 있어 우리는 다음의 사항을 고민해 가야한다. 대통령이 직접 비밀 지정을 할 때 대통령의 자의성이 작용할 수 있는 것을 어떻게 막을 수 있는가? 대통령지정기록물이 정쟁의 도구로 전락하는 것을 어떻게 막을 수 있는가? 우선 기록관리의 가치를 잘 이해하는 대통령과 정치가들의 존재가 필수적이다. 그 외에 여러 입법적인 노력을 통해 국민들의 철저한 감시가 효과를 발휘할 수 있는 시스템을 갖추어야 하겠다.

우리는 역사적으로 기록을 통해 최고 통치 권력을 통제하는 제도를 가진 경험이 있다. 외국의 선진사례와 함께 이러한 한국 전통의 기록관리를 '옛것을 오늘에 새롭게 살리는, 즉 온고이지신(溫故而知新)' 차원에서 세밀히 검토할 필요가 있다. 조선 시대에 한국은 전통적으로 최고통치자의 통치행위에 대해 철저히 기록화 했고 이 결과를 엄격히 관리하였다. 이를 통해 최고통치 권력을 통제했다. 예를 들어, 조선시대의 승정원과 예문관의 사관들은 왕의 통치 행위와 학문 수양에 관한 모든 것을 기록으로 남겼다. 이 중 대표적인 것이 승정원일기다. 그리고 그림으로서 국가의 전례 행사 등을 기록했다. 이것이 반차도 기록이다. 이를 편집한 것이 의궤다. 통치의 투명성을 위해 당대인들이 볼 수 있도록 이 기록들의 일부를 공개하기도 했다. 국정과 국왕의 경연 등에 대한 기록은 일부 승정원의 「조보」 등을 통해 공개되었다. 이는 제한적이나마 국정과 경연과정 등을 외부세계에 투명하게 알리는 기능을 하였다. 궁극적으로 이 기록들을 실록으로 편찬하여 후손이 볼 수 있도록 사고(史庫, Archives)에 보존하였다.[25] 후대의 역사적 평가가 중요한 개념으로 자리하고 있는 성리학의 세계관 속에서 이러한 기록관리 행위는 왕의 권력을 견제하는 역할을 수행했다. 봉건시대의 낙후한 기록관리제도를 갖고 있던 독일과 같은 시대에 조선은 상대적으로 훌륭한 기록관리제도를 운영하고 있었다. 불행하게도 그 전통이 단절되었는데, 독일의 사례를 보면서 그 단절 이후의 역사를 반성하고 조선시대의 기록관리를 현시대의 가치체계에 맞게 되살려서 이어가야 한다.

조선시대 기록관리가 일정부분 최고 통치 권력인 왕권에 대한 견제의 역할을 수행했다는 것은 오늘날의 민주주의 발전을 위해서 중대한 온고이지신적(溫故而知新的) 함의를 갖는다. 우리는 이러한 전통을 새롭게 발전시키면서 최고 행정 기관의 기록에 대한 시민 사회적 견제를 효율적으로 작동시켜 볼 수 있다. 이를 위해 외국의 선진 사례등과 함께 한국의 유수한 기록관리 전통의 가치를 전 국민, 시민들과 공유할 수 있어야 한다. 그리하여 오늘날의 사회를 위해 그리고 미래를 위해 기록관리가 갖는 가치가 제대로 구현될 수 있도록 해야 한다. 출처주의와 원질서 원칙에 기초한 원본성의 증거 능력의 보존을 위해 디지털 시대에도 종이 기록물 보존 방식으로 계속 하려던 선의가 디지털 기록관리의 심각한 낙후성을 초래한 독일의 경험 또한 시사하는 바가 크다. 이제 새롭게 행정 기록관리를 4차 산업혁명과 연계하려는 최근의 노력도 그 귀추가 어떻게 될 것인지 관심을 갖고 살펴보아야 할 것이다.

---

25) 노명환, 「'개념적 구성물로서의 기록'의 관점에서 보는 조선시대 성리학 세계관과 기록·기록관리」, 『기록학연구』 51, 2018.01; 김병규, 「조선시대 일사기록관리의 현재적 의미와 시사점」, 한국외국어대학교 대학원 정보·기록학과 석사학위논문, 2013, 31-37쪽.

# 【 참고문헌 】

김병규, 「조선시대 일사 기록관리의 현재적 의미와 시사점」, 한국외국어대학교 대학원 정보·기록학과 석사학위논문, 2013.

김현진, 「독일기록관리 담론에서의 평가론」, 『기록학연구』 14, 2006.

노명환, 「19 세기 독일의 역사주의 실증사학과 기록관리제도의 정립: 랑케, 지벨 그리고 레만과 출처주의/원질서 원칙」, 『기록학연구』 14, 2006.

노명환, 「냉전시기 분단국에서 기록관리의 국가·사회적 역할: 독일연방공화국과 대한민국의 아카이브 역사에 대한 비교를 중심으로」, 『역사문화연구』 32집, 2009.

노명환, 「'박근혜·최순실 게이트'에서 강조되는 한국 대통령 기록물 관리의 전문성과 독립성의 가치」, 한국외대 정보·기록학연구소(이전 기록학연구센터)/ 한국기록과·정보문화학회 편, 『콜로키움 회보』 제60호, 2016.12.

노명환, 「'개념적 구성물로서의 기록'의 관점에서 보는 조선시대 성리학 세계관과 기록·기록관리」, 『기록학연구』 51, 2018.01.

이정은, 박민, 윤은하, 「독일 '연방기록물관리법' 분석을 통한 독일 기록관리법제 연구」, 『기록학연구』 61, 2019.

Häger, Andrea / Hollmann, Michael, "Das Bundesarchiv im digitalen Wandel", *Forum* (Das Fachmagazin des Bundesarchivs), Ausgabe 2018.

Kahlenberg, Friedrich P., "Democracy and Federalism: Changes in the National Archival System in a United Germany", *American Archivist*, 1992.

Ketelaar, Eric, "Archival Temples, Archival Prisons: Modes of Power and Protection", *Archival Science*, 2002.

Meiburg, Anette, "Die Zwischenarchive des Bundesarchivs. Ein Gewinn füur Verwaltung und Archiv", *Forum* (Das Fachmagazin des Bundesarchivs), Ausgabe 2015: "Die Zwischenarchive des Bundesarchivs – Geschichte, Praxis und Zukunft".

Oldenhage, Klaus, "Prosecution and Resistance, Compensation and Reconciliation: Two Repressive Systems in one Country", *International Journal on Archives*, 2004.

Posner, Ernst. "Some Aspects of Archival Development since the French Revolution", *American Archivist.* Volume 3, Issue 3 (July 1940).

Schenke, Kerstin, "Zwischen „Niemandsland" und Rechtsanspruch. Zur Praxis der Zwischenarchive", *Forum* (Das Fachmagazin des Bundesarchivs), Ausgabe 2015: "Die Zwischenarchive des Bundesarchivs – Geschichte, Praxis und Zukunft".

Ucharim, Michael, "Das Digitale Zwischenarchiv des Bundes und seine Bedeutung für das Bundesarchiv", *Forum* (Das Fachmagazin des Bundesarchivs), Ausgabe 2015: "Die Zwischenarchive des Bundesarchivs – Geschichte, Praxis und Zukunft".

# 프랑스 대통령기록물 이관과 관리

이 정 연

한국외국어대학교 대학원 정보·기록학과 강사

## 1. 머리말

근대 기록관리의 시작은 프랑스 혁명에 뒤이은 세계 최초의 기록관리 법령 제정과 국립기록보존소(Archives nationales)의 설립을 통한 국가적 수준의 기록관리다. 기록관리 전공자라면 기록관리의 기본원칙인 '풍존중의 원칙'이 프랑스 나폴레옹 시기의 역사적 경험과 관련 있다는 것을 알고 있다. 그러나 '풍존중의 원칙'이 등장한 시기 이후의 프랑스 기록관리, 특히 최고 행정기관이라고 할 수 있는 대통령과 총리 및 정부 각료들의 기록물에 관하여는 잘 알려지지 않았다. 대부분의 해외 기록관리 동향과 관련한 정보에서 프랑스는 제외되어있기 때문이다. 물론 언어적인 장벽으로 프랑스 사례에 대한 접근이 쉽지 않은 것은 사실이지만, 프랑스 기록관리 자체가 상당히 폐쇄적이기 때문이기도 하다. 그럼에도 불구하고 프랑스의 기록관리, 그중에서도 더욱 접근하기 힘든 대통령기록물의 관리에 관심을 두는 이유는 프랑스 정치문화를 반영한 기록관리 체계를 살펴봄으로써 현재 우리나라의 대통령 기록관리와 대통령기록관이 당면한 문제에 조금이라도 시사점을 줄 수 있으리라는 기대 때문이다.

## 2. 프랑스 정치문화

한 국가의 정치문화와 제도는 기록관리와 밀접하게 관련되어있다. 국가 행정을 책임지는 행정부를 중심으로 기록관리 체계가 확립되고, 입법부와 사법부 기록물 역시 확립된 체계를 통해 기록물이 관리되기 때문이다. 프랑스 대통령기록물 관리와 이용을 살펴보기 위해서 먼저 프랑스의 정치제도가 어떻게 확립됐는지, 정치제도 속에서 대통령 제도와 의회 제도는 어떠한 관계를 형성해 왔는지 확인할 필요가 있다. 프랑스만의 독특한 정치문화가 대통령기록물 관리와 이용에 미친 영향과 특징을 확인할 수 있을 것이다.

### 1) 프랑스 정치제도

프랑스 대혁명으로 구체제의 절대군주제가 몰락한 이후, 프랑스는 제헌군주제, 공화제, 제국에까지 다양한 정치체제가 연속적 또는 반복적으로 나타났다.[1] 다양한 정치체제의 변화 속에서 우리는 일련의 규칙성을 찾아볼 수 있다. 대혁명 이후 수립된 입헌군주제는 공화제로 교체되었으나 엄청난 정치적 혼란을 통해 복종과 효율성을 강조하는 권위주의 체제로 전환되었고 곧이어 제국으로 이어졌다. 이러한 정치체제의 변동은 1815년에서 1870년 사이에 반복적으로 나타났으나, 1875년

---

[1] 이종광, 「프랑스 정치세력의 형성과 정치체제의 변화」, 『한국프랑스학논집』 74호, 2011, 329-341쪽.

제3공화국 수립 이후에는 1940년에서 1944년 동안의 비쉬(Vichy) 체제로 인한 일시적 이탈을 제외하고는 공화제라는 동질성을 지니게 되었다. 정치체제가 다양하게 이어져왔음에도 불구하고 이 정치체제들은 이념적 일치성을 지니고 있다. 프랑스 혁명에서 표방된 주요 이념 중 하나인 국민주권원칙과 대의제는 독재체제인 제1제국과 제2제국과 왕정복고 시기에서도 수용되었다. 제3공화국 이후 역시 의회제에서 이러한 원칙들은 당연히 존중되었다. 1958년 이후 제5공화국은 제3공화국과 제4공화국의 정치 불안을 해소하고 다수정당의 난립을 막아 프랑스 발전을 위한 발판을 마련하였다. 프랑스는 정국안정을 목적으로 대통령의 권한을 강화하면서도 의회를 기능을 살린 절충형 헌법을 채택함으로써 국가적 자존심과 경제를 회복하고 안정된 정치 환경을 조성하게 되었다.

프랑스 제5공화국은 의회제(régime parlementaire)이지만 정치체제에 대한 호칭은 반(半)내각제, 반(半)대통령제, 특수대통령제, 권위주의적 대통령제 등 다양하다.[2] 정치체제란 권력들 간의 상호관계에 의해서 규정되는 것이라는 관점에서 보았을 때, 프랑스는 입법권과 집행권이 서로 협력하는 '유연한' 권력분립 체제로 운영된다. 양원으로 구성된 입법부, 대통령과 총리가 이끄는 쌍두제의 집행부, 정부는 의회에 대한 책임을 지고 대통령은 의회를 해산할 수 있다. 프랑스는 다른 국가들에게서는 찾아보기 힘든 이원집정부제를 채택하고 있다. 이것은 외치를 담당하는 대통령과 내치를 담당하는 총리가 당을 달리하는 경우, 동거정부를 구성하여 국정이 운영된다는 것을 의미한다. 동거정부는 대통령과 총리라는 행정부와 입법부 수장이 각각 고유한 권한을 살려

---

[2] 한명수, 「프랑스 제5 공화국 정치체제의 특성과 역사적 인과성에 관한 연구」, 『유럽연구』 제20호, 2004, 2쪽.

내분을 조기에 차단하고 정치적 안정성을 기하는 제도로써 대통령제와 의원내각제를 합친 이상적인 정부형태다. 이러한 제도가 등장하게 된 것은 군인 출신의 정치가 드골이 5공화국의 대통령으로 취임하면서부터 생긴 현상[3]이다.

프랑스의 국가원수는 대통령으로 임기는 5년(2000년 9월 24일 국민투표로 이전의 7년에서 5년으로 임기 단축됨)으로 총리를 임명할 권한을 가지고 필요시엔 의회도 해산 할 수 있는 막강한 권력을 가지고 있다. 또한 대통령은 국군의 통수권자이자 국무회의 주재하고 법률을 공포할 권한을 가지고 있다. 한편 대통령에 의해 임명되는 총리는 의회 선거에서 제1당을 차지한 당의 대표를 임명하는 것이 관례인데 대통령과 당이 같으면 상관없으나, 당이 다를 경우 타 당의 대표를 임명하게 된다. 이럴 때 탄생하는 것이 동거정부이며, 대통령은 국방과 외교 등 외치에만 업무 영역이 국한되고 총리는 내각을 책임지고 내정에 관여함으로써 대통령과 차별화를 보일 수 있고 이는 다음 대통령 선거에서 유리한 고지를 선점하게 되어, 동거정부가 구성되면 대통령과 총리는

---

3) 드골은 독실한 가톨릭 집안에서 태어나 생시르 육군사관학교(Ecole Spéciale Militaire de Saint-Cyr)를 졸업하고 2차 세계대전 당시 독일의 압제에서 프랑스를 구해낸 전쟁 영웅이었다. 1944년 파리에 귀환, 임시정부의 수반이 되었고, 1945~1946년 총리·국방장관, 1947년 프랑스국민연합(RPF)을 조직, 1951년 선거에서 제1당이 되었으나, 1953년 RPF를 해체하고 정계에서 은퇴하였다. 1958년 알제리에서 쿠데타가 일어나 제4공화국이 붕괴될 위기에 몰리자 다시 정계에 복귀할 뜻을 밝혔다. 그 해 6월 총리가 되었고, 9월 28일 헌법 개정 국민투표에 의하여 대통령의 권한을 강화하고 의회의 권한을 약화시킨 제5공화정을 발족시켰다. 1958년 10월 드골을 지지하는 신공화국연합(UNR)을 결성, 11월 총선거에서 제1당이 되고, 1959년 1월 대통령에 취임하면서 제5공화국이 시작되었다. 드골은 체계의 초석이 되는 국정의 '중재자'로서의 국가원수의 개념을 도입하면서, 공화국의 의미도 의회제의 의미도 손상하지 않는 이원주의를 제시하였다. 한명수, 「프랑스 제5 공화국 정치체제의 특성과 역사적 인과성에 관한 연구」, 17쪽.

국민의 신임을 얻기 위해 더 좋은 정책으로 경쟁하게 되는 장점이 있다.

프랑스 의회는 상원[4]과 하원(국민회의)[5]으로 구성되어 있으며 하원의원의 경우에만 직접선거로 선출하고, 대통령선출과 마찬가지로 2차 투표까지 진행되며 비례대표제는 채택하지 않는다. 반면에 상원의원은 하원의원과 현회의원(縣會議員), 그리고 코뮌의원[6]이 대표로 구성되는 선거인단의 간접선거로 선출된다. 내각을 책임지는 총리의 국정운영권은 대통령에 의해 간섭받을 수 있지만, 직접적인 책임은 하원이 지고 있다. 의회는 대통령을 견제할 수단이 필요하기 때문에 내각불신임권을 가지고 있다. 의회는 대통령의 통치가 국민을 위한 것이 아니라고 판단되면 내각불신임권을 발동하여 각료들을 해임시키고 대통령을 압박할 수 있다. 그러나 내각불신임권의 발동은 각료 해임을 위한 것이기보다는 동거정부의 총리가 대통령에게 자신의 정책을 관철시키기 위한 수단으로 이용하고 있는 경향이 강하다. 동거정부로 인해 양 당의 정책이 대립하는 경우 총리는 내각불신임권을 무기로 대통령을 압박하게 되고 대통령은 총리해임권이 없어 총리의 의견에 동의하게 된다. 이는 강력한 대통령제를 수립한 프랑스가 국민의 대표기관인 의회에도 힘을 실어줌으로써 의회가 정책결정을 주도해 나갈 수 있는 여지를 만들어 주었다는 점에서 특징이 있다.

---

[4] 상원의원의 임기는 9년으로 3년마다 의석의 3분의 1을 교체하고 있다.
[5] 하원의원의 임기는 5년으로 소선거구제를 채택하고 있다.
[6] 프랑스의 최하위 기초자치단체는 꼬뮌(Commun)이다. 꼬뮌의원의 임기는 6년으로 국회의원 임기 5년보다 1년 길고 주민 직접투표에 의해 선출된다. 프랑스는 인구수에 따라 꼬뮌의회 선거 방식을 다르게 규정해 적용하고 있다. 인구수가 많을수록 복잡한 방식으로 의원을 선출한다.

## 2) 프랑스 대통령제의 특징

대통령은 국군통수권, 외교권, 사면권, 긴급조치권 및 각의주재권, 총리임명권, 각료임명권, 하원해산권, 법률안 재심의 요구권, 국민투표 회부권 등의 권한이 있다. 총리는 행정수반, 각료임명 제청권, 대통령의 권한행사시 부서와 하원에 대한 일반정책 승인 요청 및 법률안 제출권이 있다. 대통령의 정치적 권한(외교, 국방, 비상 대권 등)과 총리의 행정적 권한(행정 수반)은 분리되어 있다. 대통령은 국정의 최고책임자, 중재자로서의 임무를 수행하고 총리는 국정 집행책임자로서의 임무를 수행한다.[7] 따라서 대통령 소속 정당이 하원 내 다수의원을 보유할 경우, 강력한 국정 수행이 가능하다.

프랑스는 정부조직법이 따로 존재하지 않으며, 대통령은 정부령(décret)으로 총리를 임명한다. 임명된 총리가 정부형태를 구상하고 결정한 후 장관을 인선하여 대통령에게 제청한 후 대통령은 다시 정부령으로 장관을 임명하는 형식이다. 정부 각료들은 개인적으로 "정치적 동업자"를 행정 요직에 임명하여 행정을 수행하고 있으며 정치와 행정의 구별이 불가능한 정치 행정체계로 대통령 각료와 사무국, 총리의 민간 출신의 각료 등의 행정직이 임명된다.

프랑스 대통령 보좌기구로는 대통령사무처, 대통령비서실, 특별참모부가 있으며 대통령사무처가 핵심적인 보좌역할을 담당한다. 대통령사무처는 다음과 같은 기능을 수행한다.

첫째, 국무회의와 국방회의를 제외한 엘리제궁에서 열리는 관계장관 회의와 부처 간 실무회의 등 모든 회의의 의사일정을 정하고, 회의를

---

소집하며 회의록을 작성한다.

둘째, 대통령에게 전달되는 주요 보고서를 사전에 검토하고, 대통령에게 필요한 정보와 조언을 제공한다.

셋째, 총리실 및 각 부처의 활동상황과 국회의 동향을 파악하여 대통령에게 보고하는 국정감독 기능을 수행한다. 총리비서실을 통해 정책의 성과를 확인하고, 각종 난관이 발생하면 각 부처의 실무책임자를 소집하여 극복방안을 모색한다.

넷째, 대통령과 주요 국가기관간의 연락업무를 담당한다.

대통령비서실(cabinet du Président)은 정치적인 업무, 사적인 지원업무, 엘리제궁 관리업무 등을 관장한다. 정치적인 업무로는 정치 및 사회단체들과의 연락, 정치적 종언, 연설문 및 담화문 초안 작성, 대통령의 정책노선 홍보 등이 있고, 사적인 지원업무는 대통령의 일정관리와 의전 및 경호, 대통령의 서신처리 등이 있다.

특별참모부(l'état-major particulier)는 대통령의 국방정책 결정과 군통수권행사를 보좌하는 기구이다. 이를 위해 대외군사정책 및 핵정책에 대해 조언을 하고, 고위장성의 임명 시 추천을 한다.

총리[8]의 참모조직 중 핵심적인 역할을 수행하는 기구로 정부사무처(secrétariat général du gouvernement)와 총리비서실(cabinet du Premier Ministre)을 들 수 있다. 정부사무처(secrétariat général du gouvernement)는 국정운영의 영속성과 일관성을 유지하기 위해 각종 행정절차와 기술적인 문제에 대한 정보를 보관하고 관리하는 일종의 청지기 역할을

---

[8] 정치와 행정의 교차로 역할을 담당하는 총리의 업무수행을 보좌하는 핵심참모조직은 제3공화국 시대인 1912년 2월 13일 법령에서 그 기원을 찾을 수 있다. 당시 총리에게 3인의 보좌인력에 대한 자유임용권을 부여하였는데 제4공화국과 제5공화국을 거치면서 총리비서실은 규모와 권한이 점차 확대되어 거대한 참모조직으로 발전하였다.

수행한다. 정부의 활동이 원활하게 진행될 수 있도록 정책과정을 관리
하는 행정 절차적 보좌기구다. 정부사무처장은 국사원(Conseil d'Etat)의
최고위공무원인 국사관(conseiller d'Etat)이 맡는 것이 관례이다. 정부사
무처장은 정부의 자유재량 임명직으로 분류되어 있지만 행정의 연속
성을 유지하는 것이 일차적 목표이기 때문에 정권이 교체되더라도 경
질되지 않고 새로운 총리를 보좌하게 된다. 따라서 정부사무처는 총리
의 보좌기구이지만 정치적 임명직으로 보기 힘들다.

총리를 보좌하는 핵심참모기구이며 총리와 정치적 운명을 같이하는
정치적 임명직들로 구성되는 기관은 바로 총리비서실(cabinet du Premier
Ministre)이다. 총리비서실은 총리가 정부의 정책을 결정할 수 있도록
보좌하고 정책의 집행을 감독하는 기능을 수행한다. 이를 위해 정부
내 각종 정책결정 및 정책조정 회의를 관리하며 정부 부처 간 분쟁을
조정하는 역할을 담당한다. 총리의 비밀기록물(fonds secréts)도 총리비
서실에서 관리하고 있다.

장관의 복잡하고 다양한 업무를 보좌하는 역할을 담당하는 정무직 참
모조직으로 장관비서실(cabinet ministériel)이 있다. 장관비서실은 막강한
권한을 행사하는 부처 내 2인자이며 비서실장(directeur de cabinet)은 우
리나라 차관에 해당하며 장관과 친분이 두터운 자이다. 장관 비서실장
은 비서실 인선을 직접 실시하는 경우가 많고 장관을 대신하여 부령, 지
침, 지시 등을 내릴 수 있다. 장관비서실의 주된 기능은 다음과 같다.

첫째, 장관의 정책결정을 보좌하는 역할을 들 수 있다. 장관의 지침
을 각각의 국에 시달하고 보고된 안건을 심사하고 수정하는 역할을 수
행한다.

둘째, 의회와의 제반 문제를 전적으로 담당하고, 언론매체와의 관계
도 담당한다.

셋째, 타 부처와의 협력 및 조정업무를 담당한다. 총리실이 주재하는 각종 부처 간 업무조정회의에 참석하여 타 부처와 협상하고 조정하는 업무를 주로 비서실에서 담당한다.

프랑스 정치적 임명직에 대한 임명 절차나 기준을 정하는 규정이 따로 존재하지 않고 임명권자의 자유재량에 맡겨져 있어 아무나 정치적 임명직에 임명하더라도 법적으로는 아무런 문제가 발생하지 않는다. 그러나 실제로는 행정업무에 대한 해박한 지식과 뛰어난 능력의 보유 여부를 절대적인 기준으로 선발하는 것이 관행으로 정착되어 있다. 그 결과 대부분의 정치적 임명직이 고위공무원 출신으로 채워져 있다는 점이 특징이다.

## 3. 프랑스 공공기록물 관리 체계

앞서 살펴본 바와 같이 프랑스는 강력한 대통령제를 취하면서도 의회에서의 견제 또한 만만하지 않다. 대통령을 수반하는 국무총리나 정부 부처를 담당하는 각료들은 대통령과의 정치적 동반자로 국정에 참여하며, 대통령에 의해 임명된 각료들이 자신의 국정 업무를 함께할 동반자를 또한 임명함으로써 정치적 운명을 함께하고 있다. 그런데도 국정 업무의 연속성을 위하여 정부사무처는 정권과 상관없이 운영되고 있으며 이러한 체제는 프랑스 기록물관리제도에 영향을 주고 있다.

### 1) 공공기록물 관리 제도

프랑스는 대통령과 정치적 동업자 역시 여타의 공공기관과 같이 국정 업무를 수행하므로 대통령기록물을 공공기록물 중 하나의 유형으로 간주하여 공공기록물법9)에 따라 관리하고 있다. 따라서 공공기록물관리 제도를 살펴봄으로써 대통령기록물 관리 체계를 이해할 수 있다. 프랑스 공공기록물관리는 혁명력 2년 메시도르 7일(1794년 6월 25일) 법령에 의해 법제화되고 제도적 틀을 마련하였다. 이 법령은 국가 업무에 대한 시민의 열람권을 통한 알권리를 바탕으로 국민의 기록물을 중앙집중적으로 관리하고 전국의 기록보존소(Archives) 연결망의 설립을 규정하였다.10) 뒤이어 제정된 혁명력 5년 브뤼메르 5일(1796년 10월 26일) 법령은 지방에서 생산되는 공공기록물의 보존을 위해 각 도(Départements)에 도기록보존소(Archives Départementales)를 설립하도록 하였다. 이 두 개의 법령을 통해 프랑스는 19세기 말까지 중앙기록물관리의 국립기록보존소(Archives nationales)와 지방기록물관리기관(Archives territoriales)인 도기록보존소, (기초)지방자치단체기록물보존소(Archives municipales)가 분리되어 운영되었다. 1897년 교육부 산하에 있던 국립기록보존소와 내무부 산하에 있던 지방기록물관리기관이 단일 중앙기구인 프랑스 기록관리국(Direction des Archives de France, DAF로 약칭)로 통합되면서 공공기록물의 생산, 이관, 수집, 보존, 이용에 이르기까지 중앙집중적인 기록물관리 체계가 확립되었다.

프랑스 기록관리국은 1936년 기록관리국(Direction des Archives de France, 이하 DAF로 약칭)로 명명되었으며 1959년 문화외교부에 통합

---

9) 「문화유산법」 제2권. 기록물관리 제211-4조에서 "공공기록물이란 국가, 지방자치단체, 영조물법인, 공법인 혹은 공부수탁 사인의 활동으로 생산되는 문서들, 양원의 의사록과 문서는 양원 기능에 관란 1958년 11월 17일 제58-1100호 행정명령에 따른다"고 정의하고 있다.

10) Association des archivistes française, *Abrégé d'archivistique*, (Paris: AAF, 2007), pp. 12-13.

되었다[11]. 2006년 국립기록보존소가 국가적 기관 수준으로 재편되면서 기록관리국은 국가기념행사, 기관간 네트워크, 기록관리 정책 및 내부 협력, 표준화 및 기술 혁신, 열람서비스, 도큐멘테이션 등 부서로 구성된 프랑스 기록감독국을 포괄하였으며 2002년 3월 25일 명령의 규제하에 일반감독, 국가행사파견, 제도정책, 기술혁신표준, 업무기획조직, 민원열람 등의 팀으로 구성되었다.

2009년 11월 15일 공공정책 체계 개편과 뒤이은 문화부의 '문화유산국' 설립을 천명한 2009년 11월 11일 정부령(décret) 2009-1393호에 따라, 이전의 DAF는 새로운 문화유산국에 합병되었다. 이 문화유산국 내부에, 기록물관리와 관련한 하위 조직으로 프랑스 기록관리부(le service interministériel des Archives de France, 이하 SIAF로 약칭)를 구성하였다. 기록관리부는 박물관, 문화유산, 건축물과 함께 문화유산국을 구성하는 부서 중 하나로 자율권을 가진 국방무와 외무부를 제외하고 기록물에 관한 국가의 활동을 정의, 조정 및 평가한다. SIAF가 정의한 전략적 틀 속에서 이러한 조치가 포함되며 최고기록위원회의 조언과 전문 지식에 의존한다. 기록관리부는 기록물과 관련한 문화유산법[12]의 처분수행의 규정을 확립하고 공공기록물 관리와 민간기록물의 보호에 대해 문화유산법이 국가에 부여한 통제 기능을 수행한다. 기록관리부는 또한 기록관리에 대한 국제협력 정책을 이끌며 기록물 관련 국제 표준에 기반하여 매년 조직화하며 중앙부처에 파견된 아키비스트들에게 각 중앙부처 기록물관리의 수장으로서의 임무에 대한 재량권을 부여

---

[11) Ibidem.

[12) 문화유산법(Code du patrimoine)은 문화유산과 문화기관과 관련한 프랑스 법 조항들을 재구성한 법률로 아카이브, 도서관, 박물관, 고고학, 역사적 기념비, 프랑스령 관련 조항들을 망라하고 있다.

하고 있다. 행정, 시민, 과학 및 문화적 목적을 위해 공공기록물의 수집, 보존, 열람 및 활용, 그리고 가치 평가에 관한 국가의 활동을 정의, 조정 및 평가한다. 3개 기관의 국립기록보존소에 관한 감독을 수행하며 기록관리 전체에 대한 수집, 분류, 기술, 보존, 열람, 활용, 유통 및 가치 평가 등 800여 개에 이르는 기록물관리기관의 활동을 조정하고 평가한다.

프랑스 기록관리부는 따라서 아래와 같이 기술된 공공기록물의 통제와 전문적인 권한을 가지고 있다.

〈그림 1〉 프랑스 기록관리부(SIAF) 조직도

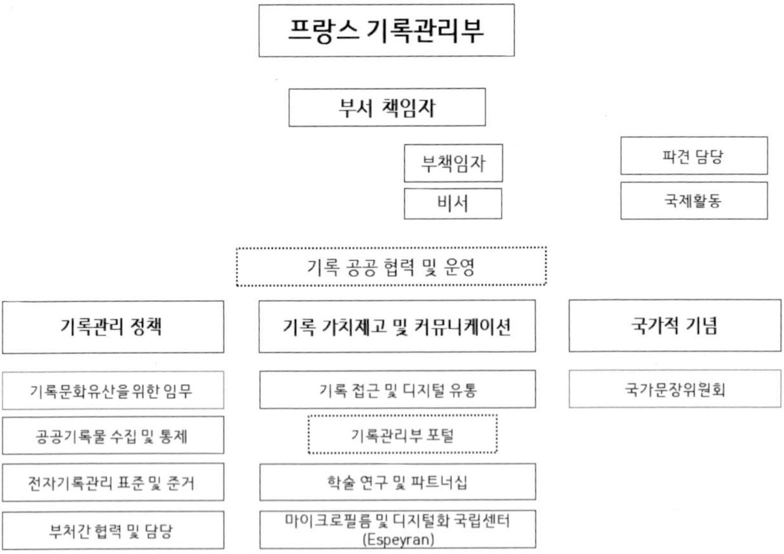

출처: 프랑스 기록관리부 인터넷 홈페이지
   http://www.archivesdefrance.culture.gouv.fr/archives-publiques/organisation-du-
   reseau-des-archives-en-france/direction-des-archives-de-france/

기록관리부는 국가 공공기관 및 시설, 공공법에 의해 통제되는 기타 공공기관, 중앙부처, 공무원, 지방자치단체, 지방자치단체 시설 등의 생산자의 손에 있는 공공기록물에 대한 과학적 및 기술적 통제를 수행한다. 기록관리부의 카테고리 A[13] 수장이 이끄는 아카이브 임무는 국방부 및 외무부를 제외하고, 각 부처의 중앙부처 내에서, 중앙부처와 그에 의존하는 국가 공공기관의 기록물에 대한 과학적 그리고 기술적 통제를 수행하는 것이다. 이때, 중앙부처는 인력, 공간 및 운영 자원을 제공하며 일부 기관의 경우에는 준현용기록관리를 담당한다.[14] 이들

---

[13] 프랑스 공무원은 외부 선발시험에 의한 채용을 위한 자격 요건 수준과 계층적 단계에 따라 카테고리 A, 카테고리 B, 그리고 카테고리 C의 3개의 카테고리로 분류되며 공공기관의 아키비스트 역시 지위가 3개의 카테고리로 분류되어 선발 및 채용된다. 카테고리 A의 아키비스트는 프랑스 고문서학교(Ecole des Chartes)나 루브르학교(Ecole du Louvre)와 같은 그랑제꼴(Grandes Écoles)을 졸업해야 선발시험을 치를 수 있는 자격이 주어지며, 카테고리 B는 아카이브와 관련한 대학원을 졸업해야 선발시험을 치를 수 있는 자격이 주어진다. 카테고리 C는 아카이브 관련한 학사 출신이 선발 시험을 통해 아키비스트로 채용될 수 있다. 선발 시험은 이론적이기보다는 전문적인 것을 요구한다.

[14] 프랑스에서는 북미의 생애주기에 따른 기록관리 3단계 이론을 받아들여 기록물을 archives courantes(현용기록물), archives intermédiaires(준현용기록물), archives définitives(비현용기록물)로 구분한다. 레코드(records) 관리와 아카이브(archives) 관리를 명확하게 구분하는 북미와는 달리 전통적인 기록관리 방식을 고수해 온 프랑스는 레코드를 잠재적으로 아카이브가 될 대상으로 바라본다. 프랑스의 기록에 대한 독특한 인식은 북미 제도를 프랑스식으로 수용하고 있다는 것을 보여준다. Préarchivage 개념은 북미의 기록관리 3단계 이론이 프랑스에 소개되면서 기록관리 수장인 Yves Prétin에 의해 만들어진 것이다. Prearchivage는 Records Center에서 수행하는 준현용기록물 관리의 필요를 위해 준현용 단계에서의 기록물 평가의 필요성을 강조하였다. 문서의 생산에서부터 그 가치가 유효한 기간 동안 생산자의 책임하에 일상적으로 이용되는 현용기록물(archives courantes)과는 달리 준현용기록물은 기록의 이용이 일상적이지는 않지만, 소송이나 감사 등으로 정기적으로 이용되며 역시 생산자의 책임하에 관리된다. 프랑스는 행정적 이용 기간(Durée d'utilité administrative, DUA로 약칭)의 개념을 준현용기록물에 적용하여 행정적 이용기간이 끝난 단계를 준현용 단계가 끝났다고 판단한다. 이정연, 「동종대량기록물 관련 프랑

의 활동은 국가기관에 의해 조정되며, 또한 국립기록보존소와의 관계 및 특정 생산자(광역 지방정부, 여러 감독 하의 국가 공공시설, 국정의 집행자)의 지속적인 또는 특별 모니터링을 담당한다. 중앙 정부기관의 최종기록물은 국립기록보존소인 피에르피트-쉬르-센(Pierrefitte-sur-Seine) 지부로 이관된다.

## 2) 파견(missions)과 파견 아키비스트의 지위

기록관리부는 공공기록물의 생산, 이관, 수집, 보존, 이용에 이르기까지 프랑스의 기록물관리 체계가 중앙집중적으로 확립되어 있음을 명확하게 보여주는 제도이다. 기록관리부는 국립기록보존소와 도기록보존소를 관할하고, 정부 부처와 공공기관의 현용기록물을 보존하는 작업에 대한 통제를 한다. 부처에 보관되어 있는 기록물들에 대한 통제를 위해 국방부와 외무부를 제외한 각 부처의 행정관청으로 기록관리부의 카테고리 A 아키비스트가 파견되어 정부부처와 공공기관의 중앙부처 아카이브에 대한 과학적·기술적 통제를 수행한다. 공무원단의 계급에서 가장 최상위단계에 해당하는 카테고리 A의 아키비스트를 각 행정부처에 파견함으로써 부처에서의 기록관리 감독 및 조언의 업무의 중요도를 높일 수 있으며, 이를 통해 업무의 추진력과 연속성에 더 많은 힘이 실릴 수 있다. 중앙부처는 아키비스트들에게 인적·물적 관리와 현용기록물관리를 담당하게 하며,[15] 이들은 기록관리부 파견 담당과 밀접한 관련 속에서 업무를 수행한다. 부처별 파견은 국립기록보존소와의 관계와 생산자들(국가 고위공무원단, 다양한 감독하 국가 공

---

스 사례」, 『기록인』, 2015, 57쪽.

[15] 모든 출장소의 아키비스트들이 현용기록물을 담당하지는 않는다.

공기관, 공공기업)에 대한 지속적인 또는 일시적인 조사의 책임이 있으며, 파견 아키비스트의 중개자로서의 활동을 통해 국가 중앙부처의 기록물이 국립기록보존소로 이관된다.

중앙부처로 아키비스트를 파견하는 것은 중앙정부의 행정과 기록관리부의 부처 정책이 밀접하게 관련되어있음을 보여준다. 2010년 1월 이후 전통적 기록물과 전자기록물의 국가 및 중앙부처 정책과 관련하여, 파견 임무는 중앙정부의 행정기관과 국가기관에 의해서 생산된 기록물을 통제, 수집, 처리하는 것을 대상으로 한다. 과학적·기술적 통제를 통해 파견 임무는 오랫동안 고위직 공무원을 포함한 기록 생산자의 관심을 끌기 위한 정책에 관여해왔다. 이런 특별한 관심은 국가기관 통제로 이어져서 2010년에는 2009년보다 32개 많은 153개의 기관과 파견 아키비스트가 협력하여 일하고 있다. 이러한 정책의 추진성은 기록관리를 통한 설명책임성을 상기시키는 문서와 공문의 유통을 통하여 강화되었다. 일례로 장관비서실과 공공기관장 비서실의 관심 속에 2010년 3월 18일자로 생산된 문서는 기록관리를 통한 업무기능의 지원에 대한 정당화와 상호부조에 관한 것이었다. 또한, 2010년 9월 25일자의 공문은 국가 기관의 기록물의 통제와 수집과 관련한 것으로 고위직 공무원과 국가기관에서 기록 생산에 대한 필요성과 중요성을 인지하고 있음을 확인할 수 있다. 파견 아키비스트가 중앙부처에서의 업무를 독립적으로 수행할 수 있었던 것은 공공기관에서의 아키비스트의 안정적인 신분과 중앙부처 정책결정자에 대한 기록관리부와 파견 아키비스트의 지속적인 관심 끌기를 통해 가능했다.

## 3) 디지털 아카이빙을 위한 프로젝트

프랑스 정부가 디지털 데이터를 생산하기 시작한 이래로 민주주의가 올바로 기능하고 국가 기억을 공유할 수 있도록 프랑스 국립기록보존소는 장기간에 걸친 데이터 관리를 위한 기술적·인간적 수단을 구축해왔다. 현재 국립기록보존소는 IT 플랫폼을 업그레이드하는 작업을 하고 있으며 1980년대 초기 이래로 아카이브의 임무를 충분히 지속할 수 있도록 이와 관련한 실무와 조직을 조정하고 있다. 프랑스 정부가 생산하는 디지털 데이터는 시간이 지남에 따라 관리하고 접근하기에 복잡해지고 있으며, 점점 더 다양해지고 규모가 방대해짐으로 전략적 접근의 중요성이 더 커지고 있다. 이를 위해 국립기록보존소의 기록과 장기간에 걸친 메타데이터를 관리할 수 있도록 ADAMANT 프로젝트를 가동하였다. 이 프로젝트는 정부 및 운영자로부터 이관되거나 시민 사회조직에 의해 생산된 기록 데이터의 보존 및 접근을 개선함으로써 공공서비스를 계속하는 것을 목적으로 한다.

ADAMANT 프로젝트는 디지털 아카이브 관리시스템 전체를 업그레이드 하는 것으로 데이터 수집, 보존, 그리고 접근을 위한 인프라를 개선[16]하고 VITAM 프로그램[17]의 일부분으로 개발된 소프트웨어를 통합

---

[16] 디지털 데이터를 아카이브한다는 것은 다음을 포함한다. ① 생산, 포맷, 매체뿐만 아니라 무결성(콘텐츠가 완전하다는 사실) 그리고 진본성(내용이 수정되지 않았거나 변경사항이 작성되었다는 사실)을 보장하는데 적용가능한 환경의 기술 ② 디지털 기록관리는 파일을 보존하는 것만을 의미하는 것이 아니라 시간이 지나도 읽을 수 있는 기능을 유지

[17] 아카이브와 기록관리에 책임이 있는 외무부, 국방부, 문화부 3개 부처가 전체 데이터 생애주기 동안 디지털 아카이빙의 문제를 해결하기 위해 협력하여 2015년 3월 5일 3개 부처와 국무총리 간 서명을 통해 협정 체결하였다. https://www.programmevitam.fr/pages/english/pres_english/

함으로써 소프트웨어 툴을 업그레이드 하는 것이다.

〈그림 2〉 Vitam 프로그램 개요도

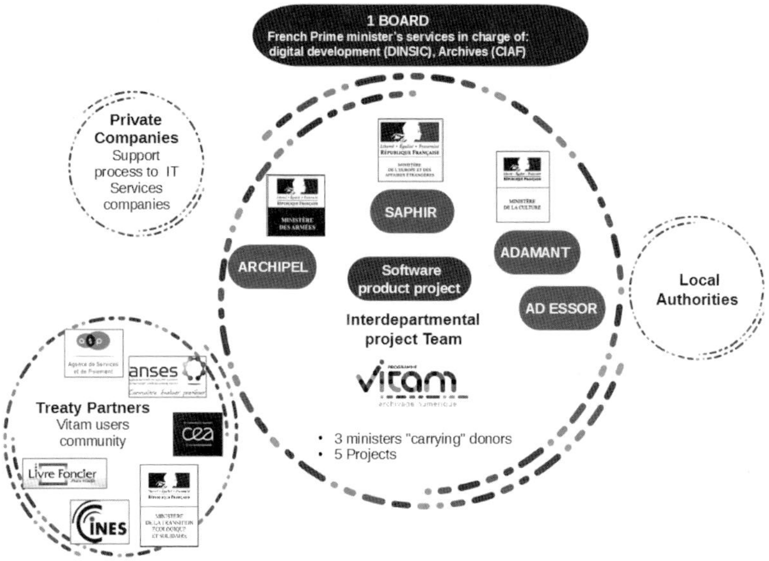

출처 : https://www.programmevitam.fr/pages/english/pres_english/

　2년간의 준비작업 이후에 2018년 말 문화부의 정보시스템 하위 부서의 지원을 통해 새로운 플랫폼이 성공적으로 시작되었다. 완료된 첫 번째 버전은 디지털 데이터의 생산과 관리에 중점을 두고 있으며 앞으로 대중의 열람을 통한 이용과 재사용에 관한 버전이 완료될 예정이다.

## 4. 프랑스 대통령기록물의 이관 및 관리

### 1) 대통령기록물의 범주

대통령기록물은 한 국가의 정치적 결정 과정을 이해하는데 중요한 자료다. 프랑스는 강력한 대통령제가 확립되어 있어 대통령이 국방과 외교에서 핵심적 역할을 하므로 다양한 유형의 중요기록물들이 생산된다. 대통령을 둘러싼 조직과 기관에서 대통령의 국정 업무 수행과 연관하여 생산되는 다양한 유형의 기록들, 즉 대통령의 회담, 이동, 연설과 관련된 기록물뿐만 아니라, 유럽 통합과 관련한 기록, 외교 기록, 군사 기록 등의 공공기록물이라든가 다양한 출처로부터 대통령에게 전해진 서신들, 대통령의 공식 활동과 관련된 사진이나 동영상 등이 대통령기록물의 범주에 해당된다. 또한 대통령 보좌관이나 비서실의 기록물도 대통령기록물에 해당되며 앞서 대통령 제도에서 살펴보았듯이 회의록, 보고서, 안건 자료, 연설문, 담화문, 의전 기록 등 다양한 기록물들이 생산된다. 대통령과 함께 국정 운영에 참여하는 정치적 동업자의 기록물 또한 대통령기록물의 범주로 다루어진다. 대통령은 공공기관의 하나이자 국정 업무 수행의 행위자로서 대통령과 대통령 관련 기관 및 조직 그리고 정치적 동업자의 기록물은 프랑스 공공기록물법에 따라 다른 공공기록물과 동일하게 관리되고 활용되고 있다.

### 2) 대통령기록물의 이관 법제화 과정

프랑스 혁명 이후 최초의 기록물관리법령 제정을 통해 근대 기록물 관리 제도가 확립된 이후 1979년까지 대통령기록물은 공공기록물 영역에 포함되지 않고 대통령과 그의 정치적 동업자들의 임의대로 처리되었다. 각료들의 기록물들 또한 공공기록물 영역에서 다루어지지 않고 프랑스 정치 행정제도의 특징 속에서 임의로 관리되었다. 기록물의 정치적 성격 또는 비밀 등의 이유로 사적 소유라고 생각되는 기록물들은 국립기록보존소로 이관되지 않고 각료들이 자신의 임기를 마치고 개인적으로 가져갔다. 정부 각료와 정치적 동업자들이 하나의 팀으로 움직이고 결정하는 프랑스 정치 행정문화로 각료들은 쉽게 교체되고 이로 인해 정치 변화가 잦았다. 이러한 정치문화는 정부 각료들이 생산한 기록물을 공공기록물 영역으로 보존하고 관리하는 것의 중요성과 필요성을 부각시키지 못했다. 1978년 행정기록물 접근법이 제정되면서 정부 각료기록물의 접근성과 공개에 대한 문제가 제기되었고 이를 통해 공공기록물과 민간기록물의 구별과 각료들 자신의 기록물 보호와 관련한 문제가 대두되었다. 정치적 임명직으로 대통령과 함께 파트너십을 유지하며 정치 행정을 주도하던 정부 각료들은 자신들을 이전의 전통적인 행정 관료와 구별하며 기록물 공개와 관련한 법을 통해 자신들이 행정 관료로 편입되고 자신들이 생산한 기록물이 행정기록물로 간주되는 것을 원하지 않았으며 스스로 개인기록물로 간주하였다.[18]

　1960년대부터 국립기록보존소는 개인기록물로 간주되었던 대통령기록물을 수집하기 시작했다. 대통령기록물 관리와 이관의 역사는 1974년 4월 어느 날 지스카르 데스탱(Valéry Giscard d'Estaing)의 긴밀한 협력자인 필립 소제(Philippe Sauzay)가 엘리제궁(Elysee Palace) 지하실에서 골

---

[18] 앞서 프랑스 정치문화에서 살펴보았듯이 총리 이하 각료들은 대통령이나 총리의 임명에 의해서 지위가 부여되기 때문에 전통적인 행정 관료라기보다는 행정업무를 담당하는 정치인이라는 인식이 더 강하다 보니, 행정 관료라면 마땅히 제대로 생산하고 관리해야 하는 공공기록물에 관한 관심이 적었다.

판지 상자 더미를 발견하고 당황하면서 시작되었다. 엘리제궁에서 발견된 전임 대통령 조르주 퐁피두(Georges Pompidou)와 그의 조력자들의 기록물 전체는 국립기록보존소로 신속하게 이관되었다. 엘리제궁 지하에서 중요기록물의 긴급 수집과 이관을 경험한 지스카르(Giscard) 대통령은 아키비스트가 엘리제궁으로 파견되어 국립기록보존소로 이관할 문서를 수집할 것을 결정했다. 이러한 결정에 따라 프랑스 기록관리부 브레방(Braibant) 보고서의 공동 저자인 아키비스트 페린느 카나바치오(Perrine Canavaggio)는 대통령기록물과 관련하여 업무를 시작했다. 그녀는 지스카르 데스탕 대통령이 재무부에서 해오던 대로 조력자들에 대해 일상적으로 노트에 녹색 잉크로 작성한 것을 재빨리 발견했다.[19] 잉크에 대한 노화 테스트 결과, 시간이 지나면 잉크가 지속되지 않는다는 것이 드러났고 카나바치오는 국가원수에게 잉크 교환을 요청했다. 그 결과, 아카이브는 때로는 외국 정상의 방문에 대한 노트나 때로는 경제 진행이나 담화를 가필한 정기적으로 파란색의 문서로 넘쳐났다. 기록관리는 정부부처 모두에게 유효하였기 때문에 총리실과 모든 부처에 마찬가지로 적용되었다.

엘리제궁과 총리 및 각료들에 대한 기록물 수집과 1978년의 행정기록물 접근법 제정으로 기록관리의 관행이 점차 변화하였다. 이러한 관행이 변화하는데 기점이 되었던 것은 당시 기록관리국장(directeur des Archives de France)이었던 장 파비에(Jean Favier)의 주도로 진행된 1979년 공공기록물법 개정이었다. 세계 최초로 기록물관리법이 제정된 지 거의 200여 년 만에 개정된 기록물 관련법은 공공기록물과 사적 영역에서의 기록물의 개념을 정의하였고, 이를 통해 대통령기록물이 공공기

---

[19] 지스카르 데스탕 전 대통령은 1962년부터 1966년까지 프랑스 재무부 장관을 역임했다.

록물에 포함되어 임기 이후 국립기록보존소로 이관될 수 있는 법적 기반이 마련되었다.

특히 대통령기록물 등 국정운영과 관련한 중요기록물을 국립기록보존소로 이관하게 된 것은 기록물 양도협정서(Protocole de remise)를 통해서였다. 기록물 양도협정서 제도는 프랑스 국가의 정치권 기록물의 수집과 이관에 발전을 가져온 제도로, 지스카르 데스탕(Giscard d'Estaing) 대통령에 의해서 1974년 제정되어, 이전의 3명의 대통령들과 정부 구성원들에게로 확장되었다. 대통령과 총리, 그리고 정부 각료들이 국립기록보존소와의 기록물 양도협정서를 작성함으로써 대통령기록물 및 국정운영과 관련한 중요기록물의 이관이 확실하게 보장되고 기록물 생산자들의 기록보호 지정과 사후 이용이 보장될 수 있었다.[20] 이 협정서에 대상 기록물은 서명한 대통령 당사자뿐만이 아니라 대통령의 정치적 동업자들의 기록물에도 해당했다. 이 협정서를 적극적으로 추진했던 지스카르 데스탕 대통령은 이 협정서를 통해서 대통령기록물을 공공기록물로서의 법적 지위를 인정하였다.

1984년 이후 양도협정서 체계 속에서 국립기록보존소로 기록물을 이관할 수 있도록 모든 부처에 훈령이 보내졌다. 기록물 양도협정서가 발전될 수 있었던 계기는 비밀보호기간의 연장을 법적 제도를 통해 보장함으로써 국립기록보존소로의 이관을 통한 기록물 공개에 대한 부담 감소였다. 기록물을 이용한 역사 연구가 증가 또한, 정치인들이 점점 더 자신의 기록물 보존에 대한 관심을 갖게 하였다. 마지막으로 문화유산 보존에 대한 책임을 가지고 대통령궁, 총리 등 대통령의 정치적 동반자의 활동과 관련하여 프랑스 기록관리부의 아키비스트가 파

---

[20] Catherine MORIN-DESAILLY, Avis n° 147 (2007-2008) de Mme Catherine MORIN-DESAILLY, 2008, pp. 26-28.

견되어 기록물 이관에 대한 관심을 가지고 이관에 동의할 수 있도록
공헌하였다. 현재 엘리제궁에는 문헌정보기록부(Le service des archives
et de l'information documentaire)가 대통령기록물 관리를 담당하고 있
다. 프랑스 공화국 대통령과 그의 정치적 동업자들이 제출한 기록의
보존 및 처리를 담당하는 이 부서는 각 임기가 끝날 때마다 이 기록들
을 국립기록보존소로 이관한다. 이 부서는 엘리제궁의 도서관도 역시
관리하며 대통령비서실을 대신하여 역사 및 기록 조사 및 연구를 수행
하고 있다.

## 3) 대통령기록물의 이관현황

1979년 공공기록물법 개정으로 대통령기록물이 공공기록물의 영역
으로 법제화되면서, 대통령기록물은 공식적으로 국립기록보존소의 수
집대상이 되었다. 국립기록보존소의 지속적인 수집 활동으로 지스카르
데스탕 대통령 이전의 대통령기록물과 관련 기록물 또한 수집되었다.
대통령기록물은 5년의 임기를 마친 후 열흘 내에 국립기록보존소로 이
관된다.[21] 현재 국립기록보존소에서 수집한 대통령기록물은 시리즈
AG로 분류하여 정리되고 있으며 정리 현황은 다음 〈표 1〉과 같다.[22]

지스카르 데스탕 대통령은 1979년 공공기록물법의 개정에 따라 퇴임
후 기록물 이관과 관련한 기록물 양도협정서에 서명하고 대통령기록
물을 국립기록보존소로 이관하였다. 이후 프랑수와 미테랑 대통령, 자

---

[21] 엘리제궁 기록관리부에서 일하고 있는 담당자와의 이메일 서신을 통하여 이
관 일정과 체계에 따라 철저하게 이관되고 있음을 확인하였다.

[22] 프랑스 국립기록보존소 기록물 시리즈 AG는 국가원수기록물(Papiers des chefs
de l'État)로 기록물풍 일반(État général des fonds과 목록 현황(État des inventaires)
으로 기록정보를 서비스 하고 있다.

〈표 1〉 프랑스 대통령기록물 정리 현황

| 시리즈명 | 시기 | 수량 | 내용 | 총서 발간 여부 |
|---|---|---|---|---|
| 1AG | 1871-1940 | 15 m.l. (150 articles) | 제3공화국 대통령기록물 | 2000년 총서 발간 |
| 2AG | 1940-1944 | 88 m.l. (672 articles) | 비쉬(Vichy) 정부 기록물 페텡(Pétain) 비서실 기록물 | 2권 총서 발간 |
| 3AG | 1946-1958 | 3AG1 : 46 m.l. (373 articles) 3AG2 : 49 m.l. (605 articles). 3AG3 : 1 m.l. (9 articles) 3AG4 : 24 m.l. (128 articles) | 1959년 이전 샤를 드골(Charles de Gaulle) 기록물 | 3AG3 자유 프랑스 군대 관련 기록물 제외, 2003년 총서 발간 |
| 4AG | 1947-1959 | 89 m.l (719 articles) | 제4공화국 대통령기록물 뱅상 오리올, 르네 코티 (Vincent Auriol et René Coty) | 2001년 총서 발간 |
| 5AG1 | 1959-1969 | 수량 표기 없음 | 제5공화국 드골 대통령기록물 | 2012년 총서 완간 |
| 5AG2 | 1969-1974 | 147 m.l (1242 articles) | 조르주 퐁피두(Georges Pompidou) 대통령기록물 | 2006년 총서 발간 |
| 5 AG FOCCART (FPR et FPU) | 1955-1974 | 수량 표기 없음 | 자크 포카르(Jacques Foccart) 개인기록물, 대통령 비서실 기록물 | 제작 중 |
| 5AG3 | 1974-1981 | 600 m.l (4722 articles) | 지스카르 데스탕(Valéry Giscard d'Estaing) 대통령기록물 | 2006년, 2007년 총서 발간 |
| 5AG4 | 1981-1995 | 1200 m.l. (13768 articles) | 프랑소와 미테랑(François Mitterrand) 대통령기록물 | 2006년 사진기록물 총서 발간, 대통령기록물은 총서 제작 중 |
| 5AG5 | 1995-2007 | 수량 표기 없음 | 자크 시라크(Jacques Chirac) 대통령기록물 | 제작 중 |
| 5AG6 | 2007-2012 | 수량 표기 없음 | 니콜라스 사르코지(Nicolas Sarkozy) 대통령기록물 | 제작 중 |

출처: http://www.archivesnationales.culture.gouv.fr/chan/chan/fonds/edi/sm/EDIAG.htm

크 시라크 대통령과 니콜라스 사르코지 대통령의 기록물도 기록물 양
도협정서 서명과 함께 국립기록보존소로 이관되어 정리 및 기술 작업
이 진행 중이다.

### 4) 대통령기록물의 공개 및 활용

프랑스 대통령기록물은 여타의 다른 공공기록물로서의 특성을 가지
고 있으면서도 대통령의 권력과 지위와 관련된 대통령기록물만의 특
성을 반영하여 대통령기록물의 공개 예외 신청과 공개 여부가 결정된
다. 대통령, 총리 및 다른 정부 각료가 생산한 공공기록물의 이관에 관
해서는 기록물을 이관하는 측과 국립기록보존소 사이에 체결되는 협
약을 통해 합의할 수 있다. 이 협약에는 문화유산법 제213-2조에 규정
된 유예기간 동안 이관기록물의 관리, 보존, 활용, 열람 등에 관한 조건
이 포함된다. 이 협약은 서명 당사자의 개별 보좌관들이 생산한 공공
기록물에도 역시 적용된다. 국립기록보존소로 이관된 지 50년이 되지
않는 대통령기록물을 열람은 대통령기록물과 관련한 대통령 당사자와
대통령이 지정한 대리인의 허가하에서만 가능하다.

프랑스 공공기록물법이 정치적, 경제적 그리고 사회적 맥락에 적합
하게 하는 것을 목적으로 2008년 개정되면서 공공기록물에 적용 가능
한 권리가 채택되었다. 프랑스는 기록물법 개정을 통하여 공공기록물
의 접근성을 높이며, 정치 권력기관의 기록물에 법적인 지위를 부여하
고 형사 처분을 조정함으로써 기록물 보호를 강화하였다. 이 법률 개
정의 특징은 법률개정안이 본질적으로 기록물의 보호를 증진시키면서
도 그것에 대한 시민의 접근을 용이하게 하는 것을 목적으로 한다는
것이다.

〈표 2〉 프랑스 공공기록물 비밀보호기간

| 문서 유형 | 2008 개정 이전 비밀보호기간 | 2008년 개정 법률의 비밀보호기간 |
|---|---|---|
| 정부 출처 비밀문서 | 30년 | 25년 |
| 국가안전 및 국방 관련 비밀 | 60년 | 50년 |
| 개인정보 | 60년 | 50년 |
| 공중증서 | 100년 | 75년 |
| 행정재판기록물 및 재판기록물 | 100년 | 75년 |
| 호적 출생등록부 | 100년 | 75년 |
| 호적 결혼등록부 | 100년 | 75년 |
| 통계조사로 수집된 개인정보 | 100년 | 75년 |
| 인구조사 질문지 | 100년 | 75년 |
| 소수자 및 성적피해자 관련 문서 | 정해지지 않음 | 100년 |
| 인사문서 | 120년 | 75년 |
| 의료비밀기록 | 150년 | 사망 후 25년, 사망년도를 알 수 없을 때 태어난 해로부터 120년 |
| 기타 문서들 | 30년 | 즉시 공개 |
| 개인보안과 국방관련 문서들 | 정해지지 않음 | 100년 |
| 대량 파괴 무기 생산 관련 문서들 | 정해지지 않음 | 공개 불가능 |

출처: 노명환, 조민지, 이정연, 「국정통치기록의 이관에 관한 국제비교 미국, 독일, 프랑스의 비교를 중심으로」, 『역사문화연구』 제48집, 2013, pp. 50-51.

문서의 날짜 혹은 문서철에 포함된 문서 중 가장 최근 문서의 날짜로부터 25년 동안 정부 및 행정집행권을 가진 책임기관의 정책 결정상의 비밀이나, 대외관계 업무 추진상의 비밀, 화폐 및 공공신용 관련 비밀, 상업 및 산업상의 비밀, 조세 및 관세 포탈에 관한 세무당국의 조사, 혹은 통계 관련 비밀 등을 침해할 수 있는 문서들이 공개되지 않는다.[23] 또한 이해당사자의 사망 날짜로부터 25년, 의료 비밀이 침해되는

---

23) 「문화유산법」 제213-2조.

문서(만약 사망 날짜를 알 수 없다면 유예기간은 이해당사자의 출생일로부터 120년 동안) 기록물의 비밀이 보장된다. 문서의 날짜 또는 문서철 중 가장 최근 문서의 날짜로부터 50년 동안, 열람이 허용되면 국방 관련 비밀이 침해되거나, 대외정책 추진에서 국가의 근본적인 이익이 침해되는 경우와 국가안보나 공공안전 혹은 개인정보가 침해되는 문서들의 비공개가 보장된다.

개인정보와 관련해서는 문서의 날짜 혹은 문서철에 포함된 문서 중 가장 최근 문서의 날짜로부터 75년(혹은 관련자 사망일로부터 25년, 만약 후자의 유예기간이 더 짧다면 후자를 적용) 동안 개인정보에 관한 질문서로 수집한 자료들, 사법 경찰이 공무 수행 중에 실시한 조사와 관련된 문서, 법원이 취급하거나 심리한 사건 및 재판과 관련되는 특정조치에 관한 문서와 판결 관련 기록, 판결에 관한 법무 공무원들의 회의록과 목록, 출생 및 결혼 관련 대장(단, 대장의 마지막 날짜를 기준으로 계산)은 공개되지 않는다. 한편, 문서의 날짜 혹은 문서철에 포함된 문서 중 가장 최근 문서의 날짜로부터 100년 동안 국가 안보상의 비밀에 관련되거나 관련됐던 자료들의 경우, 개인의 안전이 침해되는 경우, 사법 경찰의 공무 수행을 위한 수사 관련 자료, 법원에서 취급하는 사건 관련 자료, 그리고 열람이 허용되면 개인들의 성적성향과 같은 사생활 침해가 우려되는 법원 결정의 집행과 관련된 자료들의 공개가 유예된다.

대통령기록물뿐만 아니라 총리와 각료기록물도 같은 절차에 따라 50년 이전에는 공개되지 않도록 협정을 맺고 기록물의 비밀 보호 기간이 만료된 이후에 공개된다. 이러한 절차를 통해 대통령기록물이 쉽게 공개됨으로써 초래할 수 있는 국정 혼란이나 국가 위기 상황 등을 방지할 수 있다. 기록물이 쉽게 공개되지 않을 것이라는 믿음은 기록물을 안정적으로 생산할 수 있게 하며 기록물 폐기를 심사숙고하게 한다.

2012년 프랑스 국립기록보존소는 오리올(Auriol), 코티(Coty), 퐁피두(Pompidou), 지스카르 데스탱(Giscard d'Estaing) 전 대통령의 아카이브 총서 출간 이후 다섯 번째 사업인 샤를 드골 전 대통령의 아카이브 총서를 출간하였다. 국립기록보존소는 또한 '2013-2016 프로젝트'를 추진하여 프랑스와 미테랑 대통령과 자크 시라크 대통령의 기록물을 분류하고 뒤이어 아카이브 가이드를 출간할 예정이다. 이를 위하여 프랑스 기록관리부, 파견 담당, 프랑수와 미테랑(François Mitterrand) 전 대통령 문헌정보기록부가 협력하여 프로젝트를 진행하였다. 각료들의 기록물 이관과 관련하여서는 문화유산법(양도협정서의 공식화)의 조항에 근거하여 실행되며 특별히 기록물들에 대한 평가가 요구되므로 프랑스 기록관리부의 파견 담당과 아주 긴밀한 협조가 요구되는 업무다. 제5공화국 각료들의 아카이브 가이드 역시 '2013-2016 프로젝트'로 출간될 예정이며, 각료들을 대상으로 구술도 채록하였다. 이 프로젝트는 프랑스 기록관리부, 파견 담당, 시앙스포정치연구소(CEVIPOF)의 협력하에 진행되고 있다.

제5공화국 헌법에서 새로운 역할을 부여받은 대통령은 프랑스 정치 환경에서 중요하면서도 강력한 위치에 있다. 따라서 대통령기록물은 오늘날 대통령의 역할에 대한 분석 자료로서뿐만 아니라 권력의 재현, 정치적 활동, 결정 과정에 대한 매우 중요한 정치적 역사적 쟁점이 될 수 있다. 2020년 6월 12일 금요일 프랑스 법무부는 1994년 르완다에서 대량 학살 기간의 프랑스 역할에 대한 논쟁의 핵심인 프랑수아 미테랑(François Mitterrand) 대통령기록물을 열람할 수 있도록 프랑수와 그라네(François Graner)에게 허가했다.[24] 유엔에 따르면 1994년 4월부터 7월까지 르완다에서 Tutsi(투치) 소수 민족 내에서 최소 80만 명이 사망한 것으로 추정되는 대량 학살 이전, 도중, 그리고 이후에 프랑스가 어떤 역할을 했는지에 대해서는 계속 알려지지 않고 있다. 2015년 프랑수와 올랑드(François Hollande) 전 대통령은 지체 없이 2016년 말 이전에 관련 기록물을 공개하기로 약속했다. 또한 엠마뉘엘 마크롱(Emmanuel Macron) 대통령은 또한 역사가위원회의 창설을 발표했다. 결국, 그라네(Graner) 연구원은 르완다에서의 투치족 대량 학살에 관한 미테랑(Mitterrand) 전 대통령의 기록을 열람 가능하다는 프랑스 행정법의 승인을 받게 되었다.

프랑스 최고행정재판소인 국사원(Conseil d'Etat)은 공개를 요청한 그라네 연구원이 "역사적 연구를 위해 이 기록물을 열람하고 따라서 공익 문제에 대한 논쟁을 명확하게 하는데 합법적인 관심이 있다"고 판단했다. "국가 비밀의 보호는 이러한 역사적 사건에 대해 대중에게 알리는 이익과 균형을 이루어야 한다"며 국사원은 강조했다. 그 결과 행정법원은 2건의 이전 법원 판결을 취소하고 그라네 연구원의 요청에 반대했던 프랑스 문화부에 명령하여 3개월 이내에 요청된 기록물에 접근 할 수 있도록 명령했다. 국사원의 이러한 판단은 정부의 비밀이 보호되어야 하지만 누가 의사결정권자였는지, 책임이 무엇인지, 누가 무엇을 알고 있었는지에 대한 역사적 사건에 대한 합법적인 논쟁 또한 존중되어야 한다는 것을 보여주었다. 그라네(Graner) 연구원은 국사원의 이러한 결정으로 르완다 관련 기록 공개를 통해 과거를 이해하는 것뿐만 아니라 그러한 대량 학살이 앞으로 가능하지 않도록 막는 데

24) La justice autorise l'accès aux archives du président François Mitterrand sur le Rwanda, *Europ31*, 2020년 6월 12일.
https://www.europe1.fr/societe/la-justice-autorise-lacces-aux-archives-du-president-francois-mitterrand-sur-le-rwanda-3974516

중요한 역할을 하게 될 것으로 기대하였다. 중요기록물을 공개함으로써 의사결정 체제를 이해하여 예방을 통해 미래를 준비할 수 있다는 것이다.

## 5. 프랑스 대통령기록물 관리의 특징과 시사점

프랑스 공공기록물 관리 체계는 내부무와 교육부로 관할이 분할되어 있던 것이 1897년 국립기록보존소와 내무부 기록관리과가 교육부 내로 통합되면서 프랑스 기록관리국(Ditection des Archives de France)이 설치됨으로써 프랑스의 기록관리는 하나의 강력한 중앙집중적 체계가 완성되었다. 중앙 정부기관에 의해서 기록관리가 수직적으로 관리되고 있으며 기록관리부를 통하여 국립기록보존소, 도기록보존소, 기초자치단체기록보존소까지 통제와 지원이 가능하게 되었다. 기록관리부는 국립기록보존소와 지방기록물관리기관인 도기록보존소의 기록관리를 총괄한다. 기록관리부는 또한 국립기록보존소, 노동기록과 식민지기록 등 국가 수준의 기록물관리기관을 통제하며 외무부와 국방부의 기록물과는 별개로 공공기록물의 수집, 분류, 지정, 정리, 보존 및 공개와 관련하여 조언, 독려, 법제화, 평가 그리고 통제의 임무를 수행한다. 과학적인 표준과 전문적인 단일화를 실행하고 합법적 보장을 위해서 기록관리부는 국립기록보존소, 지방기록물관리기관, 권한 내 조직들이나 자체적으로 영구기록물을 관리하는 산하기관에 대한 통제를 행사한다. 기록관리부는 또한 역사기록물로의 지정을 통하여 국가적 기억을 전승하기 위한 민간기록물을 보존하는데 이바지하고자 한다. 역사기록물은 이를 통해 보존 환경이 통제되고, 국내에서의 보존이 보

장되며 그리고 공공기록물관리기관에 의해 문서 수집과 관리 지원을
받게 된다.

　기록관리부를 통하여 대통령기록물을 포함한 공공기록물이 중앙집
권적으로 이루어지고 있으며 기록관리부를 관할하는 것은 문화부의
문화유산국이다. 문화부 산하에 존재하기 때문에 대통령과 총리 등에
의한 영향 없이 문화부의 문화정책의 기본이념에 충실하게 기록관리
정책수립과 이에 따른 사업들을 진행하고 있다는 것이 특징이다. 이것
은 바로 기록관리의 문화적 토대와 밀접하게 관련 있다. 1959년 프랑
스 드골 대통령이 앙드레 말로(Andre Georges Malraux)를 초대 문화부
장관에 임명하면서 프랑스 문화부의 역사가 시작되었다. 유명한 작가
이자, 정치적 좌파였던 앙드레 말로 장관의 문화정책은 구체적 사업들
의 수행보다는 문화부의 철학적 이념과 문화정책의 비전을 수립과 관
계있으며 현재까지도 문화정책의 근본이념으로 남아있다. 결국 문화부
의 창설은 이전에 교육부의 일부로 속해있던 문화의 독립을 뜻하는 것
이었다.[25]

　내무부와 교육부를 거쳐 문화부에 자리 잡게 된 기록관리국(Direction
des Archives de France)은 앙드레 말로의 문화부 설립 이념에 근거하여
조직화되었으며, 이는 기록을 하나의 문화유산으로 바라보는 전통적인
프랑스적 관점이 정부의 조직개편에 깊이 반영된 것이라 볼 수 있다.
결국 2004년 공공기록물관리법이 문화유산법으로 통합되기에 이르렀
으며, 문화유산법으로 건축, 도서관, 아카이브, 박물관, 문화적 기념비

---

[25] 앙드레 말로는 1959년 12월 8일 하원 연설에서 "대학, 즉 교육부는 가르친다.
　　라신을 알게 하는 것을 대학의 몫이다. 우리(문화부)의 역할은 라신의 작품을
　　사랑하도록 만드는 데에 있다. 인류의 특히 프랑스의 (예술적) 천재들을 사랑
　　할 수 있도록 만드는 역할이 우리의 일이다. 그러므로 지식은 대학의, 사랑은
　　우리의 몫이다."라고 문화부 독립에 대한 의미를 설명하였다.

와 관련한 법조항들이 통합되었다. 이것은 아카이브를 비롯한 국가의 문화와 관련한 자산에 해당하는 것들을 통합적으로 관리하고자 하는 프랑스의 의지를 반영하고 있다고 볼 수 있다. 기록에 대한 프랑스만의 전통적인 관점은 대통령과 총리, 정부 각료들이 자신들이 생산한 기록물이 프랑스 역사를 보여주는 중요한 가치가 있는 자산이라는 것을 인식하게 하며 기록물의 생산과 이관에 대한 중요성과 필요성에 대한 인식을 갖게 한다는 특징이 있다. 기록 생산자에게 자신이 생산한 기록물이 현재 업무에 대한 설명책임성과 업무의 투명성을 넘어서 후

〈그림 3〉 프랑스 문화부 조직도

출처 : 프랑스 문화부 홈페이지

대를 위한 역사적 기록물로서, 문화유산으로서의 가치가 있으므로 생산에 대한 자부심과 생산에 대한 의무감을 갖게 한다는 것이다.

또한 이러한 대통령기록물의 생산과 관리에 대한 중요성을 인식할 수 있게 된 것은 대통령 및 총리 등의 국정 운영과 관련한 주요 인물들의 중요기록물의 경우 바로 공개되는 일반적인 행정문서와는 달리 비밀보호기간이 정해지고 이것이 공익에 대치되지 않는 한은 철저하게 지켜지고 있기 때문이다. 2008년 공공기록물법 개정을 통해서 국정 운영의 투명성을 위하여 행정기록물은 이관되자마자 공개되면서도 개인정보와 정부의 비밀정보는 철저하게 보호됨으로 대통령과 정치적 동업자들이 업무 수행을 통해 기록물을 제대로 수행하고 현용적인 활용이후 기록보존소로 안전하게 바로 이관되는 근거가 확립되었다.

한편 파견된 아키비스트들의 신분이 카테고리 A의 고위공무원이라는 신분의 보장은 파견된 부처에서의 업무의 독립성을 보장하고 있다. 철저하게 계급제로 운용되고 있는 프랑스 공무원단에서 카테고리 A에 속하는 아키비스트는 다른 행정부처에서 일하고 있는 카테고리 A의 지위와 동등하기 때문에, 카테고리 A에 속하는 아키비스트가 파견되어 기록관리 업무를 하고 있다는 것은 곧 기록관리 업무가 중요함을 역설하는 것이기도 하다. 엘리제궁이나 총리실, 각료 사무처 등에 파견된 아키비스트의 신분 보장은 곧 아키비스트의 기록관리 업무의 중요도와 독립성 보장과 직결된다고 할 수 있다.

# 【 참고문헌 】

1. 법률

프랑스 「문화유산법(Code du patrimoine)」 제2권 아카이브(LIVRE Ⅱ : ARCHIVES)
　　　https://www.legifrance.gouv.fr/affichCode.do?cidTexte=LEGITEXT000006074236

2. 단행본

Association des archivistes française, *Abrégé d'archivistique* (Paris: AAF, 2007).

3. 학술논문

김영우, 「프랑스의 정치적 임명직제도에 관한 연구」, 『한국인사행정학회보』 제7권
　　　제1호, 2008.

노명환, 조민지, 이정연, 「국정통치기록의 이관에 관한 국제비교 미국, 독일, 프
　　　랑스의 비교를 중심으로」, 『역사문화연구』 제48집, 2013.

이정연, 「동종대량기록물 관련 프랑스 사례」, 『기록인』, 2015.

이종광, 「프랑스 정치세력의 형성과 정치체제의 변화」, 『한국프랑스학논집』 74호,
　　　2011.

한명수, 「프랑스 제5 공화국 정치체제의 특성과 역사적 인과성에 관한 연구」,
　　　『유럽연구』 제20호, 2004.

Catherine MORIN-DESAILLY, Avis n° 147 (2007-2008) de Mme Catherine MORINDESAILLY,
　　　2008.

4. 인터넷 홈페이지

프랑스 문화부 조직
　　　http://www.archivesnationales.culture.gouv.fr/chan/chan/fonds/edi/sm/EDIAG.htm

프랑스 기록관리부 홈페이지
　　　http://www.archivesdefrance.culture.gouv.fr/archives-publiques/organisation-
　　　dureseau-des-archives-en-france/direction-des-archives-de-france/

프랑스 기록관리부 조직

    https://francearchives.fr/file/b1383bb02138bde5186e9645a1d5f2fc54b88ca6/20
20_juillet_organigramme_Siaf.pdf

프랑스 대통령기록물 정리 관련

    http://www.archivesnationales.culture.gouv.fr/chan/chan/fonds/edi/sm/EDIAG.htm

VITAM 프로그램 관련

    https://www.programmevitam.fr/pages/english/pres_english/

언론기사

    https://www.europe1.fr/societe/la-justice-autorise-lacces-aux-archives-du-presi
dentfrancois-mitterrand-sur-le-rwanda-3974516

# 러시아연방 대통령 아카이브
# (АРХИВ ПРЕЗИДЕНТА РОССИЙСКОЙ ФЕДЕРАЦИИ) 개관

배 은 경

한국외국어대학교 대학원 정보·기록학과 전임강사

## 1. 머리말

러시아의 아카이브 역사는 다사다난했다. 특히 20세기의 러시아는 사회구성체를 뒤바꿔놓은 두 차례의 일대 정치적 변혁을 겪었다. 1917년의 러시아 혁명과 1991년의 소련 해체이다. 러시아의 사회정치적 변동은 어김없이 아카이브의 구조적 전환을 가져왔다. 러시아제국에서 소련, 그리고 러시아로 이행하는 과정은 그 자체가 아카이브 격변의 역사였다.

러시아 아카이브는 유독 관료적이다. 지구 육지 면적의 1할에 해당하는 넓은 영토를 통치하기 위해 강력한 관료제가 필요했고, 그 결과 아카이브도 유사한 특성을 갖게 되었던 것일까. 이러한 경향은 이미 황제 러시아 시대에서도 나타났다. 1712년 7월 16일 원로원은 새로운 명령을 공포했다. 원로원의 "결정"에 관한 문서를 매달 수집하여 업무목록에 작성하고, 문서의 영구보존을 위해 아카이브로 이관하라는 지시였다. 이렇게 최초의 모스크바 원로원 아카이브가 설립되었고, 이는 기관형 문서고의 전형을 보여주고 있다. 문서 수집과 목록화, 보존이라

는 아카이브의 기본 업무가 16세기 초 러시아에서 이미 총괄적으로 법
령화되었고, 국가의 주도하에 시행되기 시작했다.[1]

러시아의 아카이브 문서는 기관 및 관청의 필요에 따른 실용성 여부
로 그 가치가 판단되었다. 국민의 다수가 토지에 결박되어 있던 농노
제 국가에서 아카이브는 그야말로 왕과 귀족, 관리의 권리를 보호하기
위한 장치였다. 그런 전통은 소비에트 시대에 더욱 강화되었다. 아카
이브라는 조직 자체가 국가권력을 행사하는 정부 기관이었다. 비공개
문서는 점차 많아졌고, '특별보관소(Спецхрам)'에서 관리되는 특수문서
도 많아졌다. 1930년대 스탈린 치하에서 자행되었던 무자비한 정치탄
압의 역사기록이 모스크바에 있는 러시아 사회정치사 국립문서보관소
(РГАСПИ)의 뒷마당에 위치한 '특별보관소'에서 관리되고 있다.

그렇다고 해서 얼마 전 한국에서 있었던 대통령 기록 파쇄사건과 같
은 파렴치한 일은 일어나지 않는다. 관리만큼 수집 또한 권력자의 전
횡으로부터 자유롭다. 왜냐하면, 문서 이관 시스템이 오랜 기간 전통적
으로 구축되어 안정적으로 작동되고 있었고, 공문서의 임의적 훼손이
'해서는 안 될 범죄행위'라는 암묵적 시민 의식이 형성되어 있기 때문
이다.

19세기에 잠시 등장했던 학자와 지식인을 중심으로 한 아카이브 개
혁에 대한 담론과 시도는 1917년 소비에트 정부 수립으로 한동안 중단
되었다. 그리고 1953년 니키타 흐루쇼프가 제1서기로 등극하면서 소련
지도부는 스탈린 1인 독재를 비판했고, 미국 등 자본주의 국가와의 냉
랭했던 관계를 '해빙'시키기도 했다. 흐루쇼프의 '해빙'은 소련사회 전
반의 '해빙'을 가져왔다.

---

[1] Малышева С.Ю., Основы архивоведения: Учебное пособие (Казань: Татарское
Республиканское изд-во "Хэтер", 2002), с.4.

그렇다고 소련의 관료제적 사회가 근본적으로 바뀐 것은 아니다. 아카이브 역시 여전히 관료적이었고, 1991년 소련 해체 이후 현재까지도 변함없이 관료적이다. 그래도 러시아에서 유학 중이었던 외국인 연구자에게 자국 학생과 동일한 열람권을 제공하는 합리적 이성을 가진 사회였다. 본 연구자는 학교 측에서 제공한 요청서로 러시아문서보존소의 '특별보관소'의 소장 문서를 자유롭게 열람하고 연구할 수 있었다.

이 글은 1991년 소련 해체 후 재조직된 러시아연방 대통령 아카이브 (Архив Президента РФ)의 설립과 그 구조 및 운영 체계 등에 대한 일종의 도입문이다. 심층적 논의를 위해서는 일단 기본 정보가 제공되어야 하는데, 러시아연방 대통령 아카이브는 그 흔한 홈페이지도, 목록집도 없다. 모스크바의 가장 번화한 시민의 거리인 아르바트 인근에 위치해 있지만, 일반인의 열람은 쉽지 않다. 그래서 연구자는 러시아 연구 논문과 인터넷상의 정보를 모아 러시아연방 대통령 아카이브에 대한 기초적 정보를 정리해보았다. 보다 심도 깊은 연구는 한국 기록학계에서조차 낯선 주제인 러시아 아카이브에 관한 연구와 함께 추진해보려 한다.

## 2. 러시아연방 대통령 아카이브의 설립

1991년 12월 31일에 공포된 러시아연방 대통령령(제338호)에 따라 러시아연방 대통령 아카이브2)가 조직되었다. 연방 아카이브3) 소속이 아

---

2) 주소: Россия, 103132, Москва, Никольский пер., д. 3; 팩스번호: (095) 206-19-66; 전화번호: (095) 206-13-33.

3) 러시아연방 영토 내에 귀속된 아카이브는 러시아 연방 아카이브국인 "로스아

닌 러시아연방 행정실 내 특수과로 편입되었다. 이곳은 러시아 대통령이 재임 중 생산한 문서의 국가적 차원의 상시적 보관과 이용을 관장하는 기관이었고,[4] 대통령과 행정실의 문서 보존과 이용의 조직화를 위해 설립되었다.[5]

대통령 아카이브[6]는 기존 소련 대통령 아카이브 소장 문서와 "크레믈린 아카이브"라 불렸던 구소련공산당 중앙위원회 아카이브의 일부 문서에 기초해 조직되었다.[7] 1990년 7월까지 구소련공산당 중앙위원회 아카이브의 제6과가 관리하고 있던 문서가 대통령 아카이브로 편입되었다. 1919~1990년까지의 소련공산당 상급기관(정치국, 중앙위원회 간부회, 당대회, 총회, 중앙위원회 회의 등) 문서와 국가국방위원회(ГОКО), 소련 각료회의, 소련 서기장(또는 제1서기) 및 그 산하기관의 문서 등이다. 그 후 소련 대통령 기구 총괄 아카이브로 임시 이관되었고, 러시아연방 대통령 아카이브 조직과 문서 목록 편성을 위한 위원회가 구성되었다. 러시아연방 대통령 행정실장 페트로프(Ю.В. Петров), 러시아연방 정부 산하 아카이브 사업위원회 의장 피호이(Р.Г. Пихой), 러시아연방 내무보안부 장관 바란니코프(В.П. Баранников), 러시아연방 대통령 국방문제 고문 볼코고노프(Д.А. Волкогонов), 러시아연방 정부

---

카이브(Росаихив)"가 관할하고 있다.

[4] 러시아연방 대통령의 "러시아연방 대통령 아카이브에 대한" 명령 151호(공포일: 1994.03.25.) (Распоряжение "Об Архиве Президента Российской Федерации" Президента Российской Федерации от 25 марта 1994 года (N 151).

[5] Путилова Елена Геннадьевна, Весь наработанный материал сделать достоянием более широкого круга пользователей (Архив Президента Российской Федерации), http://history.milportal.ru/ves-narabotannyj-material-sdelat-dostoyaniem-bolee-shiro kogo-kruga-polzovatelej-arxiv-prezidenta-rossijskoj-federacii/ (검색일: 2020.04.01.)

[6] 본 논문에서 러시아연방 대통령 아카이브는 '대통령 아카이브'로 약칭한다.

[7] Малышева С.Ю., Основы архивоведения: Учебное пособие, с. 26-27.

산하 아카이브 사업위원회 제1차관 튜네에프(В.А. Тюнеев), 소련 대통
령 아카이브 소장 모슈코프(Л.А. Мошков), 러시아연방 대통령 행정실
자문전문가 아가니나(М.М. Аганина) 등이 위원으로 참여했다.[8] 위원
들의 직책만 보아도 대통령 아카이브에 보관될 문서의 성격을 알 수 있
다. 대통령의 업무를 직접 운영하고 관장하는 대통령 행정실과 국가 보
안을 담당하는 내무보안부와 국방 관련 문서들이 주요 대상이 되었다.

　1991년 12월 고르바초프 실각 후 소련 대통령 아카이브의 소장자료
중 역사에 관한 문서(1919~2001년까지 생산된 문서의 약 90%)는 다른
국립문서보존소로 이관되었다. 1953년까지의 문서는 러시아 현대사기
록보존연구센터(Российский центр хранения и изучения документов
новейшей истории)로, 나머지는 현대기록보존센터(Центр хранения
современной документации)로 이관되었다. 1995년 초 이 센터들은 약
1만 건의 문서를 이양받았다. 1919~1991년의 소련공산당 중앙위원회
정치국 회의록, 제14차 당대회 문건, 공산주의 노동당과의 국제 회담
및 조약에 관한 문서, 개별 '특별문서철'의 복사본, 1964~1990년 소련공
산당 중앙위원회 서기국 작업 기록 등이다. 이후 또 이관 조치가 추가
적으로 진행되었다. 소련공산당 19~24차 대회 문서, 1941~1966년 소련
공산당 중앙위원회 총회 문서, 1919~1952년 정치국 회의록, 1952~1966년
소련공산당 중앙위원회 간부회 문서, 1921~1953년 소련공산당 상임위
원회 문서, 국방위원회 결정서, 공산당원들의 개인 문서 등이 단계적으
로 이관되었다. 모두 12,340건에 달하는 방대한 양이었다.

　1992년 3월 21일 옐친 러시아대통령은 "최고 권력기관의 문서 보존

8) "러시아 연방 대통령 아카이브에 관한" 러시아연방 대통령 법령 338호(공포
　일: 1991.12.31.) (Указ Президента Российской Федерации «Об Архиве Президента
　Российской Федерации» от 31 декабря 1991 г. № 338).

을 보장하기 위한 대통령 아카이브 보완 문제"에 대한 대통령령을 공
포했다. 문제 해결을 위해 취해진 조치는 러시아연방 대통령 아카이브
로 소련 내각 사무총국 특별과의 자료를 이관하는 것과 러시아연방 아
카이브 근무자 수를 30명까지 늘린다는 방침이었다.9) 소련 내각 사무
총국은 구소련 정부의 사업을 총괄하던 조직이었다. 단지 이곳 문서를
가져오기 위해 대통령령을 내왔다는 것은 다소 의아하다. 옐친 대통령
도 구소련시절 러시아연방 대통령이라는 최고위급 직책을 맡았다. 그
의 정치 쿠데타는 소련 해체의 주요 동기였다. 그렇다면 자신과 관련
된, 또는 정적에 대한 정보 관리가 필요했던 것인가. 분명 옐친 대통령
은 대통령 아카이브를 독점적으로 관리하려 했고, 그곳을 일종의 정보
은행처럼 활용할 계획이었다. 그리고 오늘날 대통령 아카이브는 실제
로 그렇게 존재하고 운영되고 있다.

  2010~2012년에 대통령 아카이브는 2만 건을 상회하는 문서를 영구보
존을 위해 연방 아카이브로 이관시켰다. 2010년 7월 16일 메드베제프
(Медведев Д.А.) 러시아연방 대통령의 지시에 따른 것이다. 이관 문서
들은 볼셰비키러시아공산당(ЦК РКП(б)),10) 볼셰비키전(全)소비에트공
산당(ВКП(б)),11) 소련공산당 정치국 회의록, 당중앙기관 활동 및 다양
한 문제를 다룬 보고서와 브레즈네프와 고르바초프 관련 문서 등이
다.12) 즉, 구소련시대의 문서에 대한 이관 조치였다. 그에 대한 갈무리

---

9) 러시아연방 대통령 명령 119호(공포일: 1991.03.21.) (Распоряжение(№ 119)
   Президента РФ от 21 марта 1992 г.).
10) 1918~1925년에 활동했던 소련공산당.
11) 1925~1952년까지 활동했던 소련공산당.
12) 러시아연방 대통령 아카이브의 역사 부문 문서의 연방 국립 아카이브로의 이
    전에 대한 요청(공포일: 2013.09.30.) (Обращения о передаче документов
    исторической части Архива Президента РФ на постоянное хранение в федеральные
    государственные архивы от 30 сентября 2013 г.)

가 끝났기에 가능했을 것이다.

## 3. 러시아연방 대통령 아카이브의 운영과 관리

　보존할 문서는 대통령이 결정한다. 아카이브 문서에 대한 목록화 설계와 이용에 관한 문제는 대통령과 대통령 행정실장, 대통령 수석보좌관, 그리고 대통령 사무국장의 권한하에 있다. 대통령 아카이브는 아카이브 업무와 조직화 및 운영 방침에 대한 러시아연방 헌법과 법률, 대통령령과 훈령, 보다 실무적으로는 대통령 행정실장의 지시로 운영된다.[13]

　대통령 아카이브의 기본 업무는 다른 아카이브와 다르지 않다.

　　① 우선, 문서 편람을 작성할 기구를 조직하고 관리한다.
　　② 영구보존 문서를 선정하고, 목록화 작업을 한다.
　　③ 문서 고유의 등록 번호를 발급한다. 문서 등록은 목록화 과정에서 구상되고, 결정된다.
　　④ 문서의 상태와 보존 기간 등이 점검된다.
　　⑤ 문건의 사본이 생성되고, 원본과는 다른 차원으로 보관된다.

　여기까지는 일반적인 아카이브의 업무이다.[14]
　그러나 대통령 아카이브만의 특별 규정도 있다.

---

[13] "러시아 연방 대통령 아카이브에 관한" 러시아연방 대통령 법령 338호(공포일: 1991.12.31.) (Указ Президента Российской Федерации «Об Архиве Президента Российской Федерации» от 31 декабря 1991 г. № 338).
[14] 위의 법령.

① 상기의 모든 업무는 러시아연방 대통령의 명령과 지시로 시행된다.

② 문서는 일정한 규정에 따라 제한적 사용만이 허용된다.

③ 문서 분석이 진행되고, 러시아연방 대통령과 그의 수석비서관, 대통령 사무국장, 대통령 행정실의 관련 부처의 문서에 대한 정보 분석 및 조사 내용이 보고된다.

④ 대통령과 수석비서관, 행정실장의 요청에 따라 특정 문서의 식별, 선택 및 복사가 시행된다.

⑤ 아카이브 문서는 인쇄물로 발행된다.

⑥ 국가, 기관 및 개인적 비공개 정보를 가진 문서에 대한 이용과 조사 및 보존에 대한 특별한 규정 준수를 보장한다.

⑦ 공개 문서의 개방 처리 절차에 대한 규정을 확정하고, 문서의 메타 기록 생성과 정보 검색의 자동화 시스템을 개발, 구축한다.[15]

　　대통령 아카이브의 주요 열람자는 대통령 본인과 대통령 행정실이다. 대통령 행정실은 대통령의 활동 전반에 대한 지원과 관리를 전담하는 기관이다. 특히, 러시아연방 대통령으로서의 헌법적 권한을 실현할 수 있는 국가 차원의 조건을 해결해주는 기관이 곧 대통령 행정실이다. 대통령 행정실은 대통령령, 지시, 위임, 호소 등 다양한 문서에 대한 과제를 준비하고, 연방법, 연방 차원의 법률, 연방 정책의 시행을 통제하고 검토하며, 이에 상응하는 보고서를 대통령에게 항시적으로 제출하고 있다. 이를 위한 데이터 뱅크가 곧 대통령 아카이브이다. 그래서 대통령 아카이브가 러시아 아카이브 조직이 아닌 대통령 행정실에 소속된 것으로 보인다.

　　대통령 아카이브 문서는 크게 네 개 그룹으로 나뉜다. 첫 번째는, 러시아소비에트사회주의연방공화국(РСФСР)과 2001년의 소련 해체 후

---

15) 위의 법령.

독립한 러시아연방의 첫 번째 대통령인 옐친(Ельцин Б.Н.) 집권기에 생산된 문서이다.16) 두 번째는, 소련의 마지막 서기장인 고르바초프 (Горбачёв М.С.) 재임기의 문서이다. 이 문서군에는 1992년 3월 입수된 1950~1990년까지의 소비에트 사무총국과 소련 내각 문서가 포함되어 있다.17) 세 번째는, 1919~1991년의 소련공산당 상급기관(1952~1986년의 당 대회와 1944~1990년의 중앙위원회 총회 문서 등)의 문서와 1919~1990년의 중앙위원회 정치국과 당 중앙위원회 서기국, 그리고 간부회 문서이다. 그중 공산당 중앙위원회 정치국과 서기국의 회의록 및 속기록 2천 건 이상이 "특별문서고"에 보관되어 있다. 특히 이곳에는 국방 및 전쟁 수행 등에 관한 국방위원회와 최고총사령부의 문서가 있다. 마지막으로, 소련 정부 및 당 조직에서 뛰어난 업적을 이룬 인물 개인에 대한 문서이다. 40개 이상의 문서철로 이루어진 이 문서군에는 부하린, 르이코프, 지노비예프, 트로츠키, 스탈린, 몰로토프, 미코얀, 카가노비치, 흐루쵸프, 브레즈네프, 수슬로프, 안드로포프, 체르넨코, 고르바초프 등 역대 당서기장 및 유력 정치인들에 대한 자료가 있다.18)

대통령 아카이브 문서의 대부분은 비공개상태이다. 문서 공개는 러시아연방 대통령의 명령으로 특별 소집된 위원회가 결정한다. 그런 경우의 자료 열람은 대통령에게 보낸 특별 요청이 수락될 때 가능하다. 1990년대 말까지 역사에 관한 자료 열람은 매우 제한적인 이용자 집단에게만 허용되었으나, 공개된 자료 복사는 개인적 요청으로도 제공되

16) Путилова Е.Г. Ведомственные архивы России: учебно-методическое пособие (Нижний Тагил: НТГСПА, 2012), с. 22.

17) Архивы России. Москва и Санкт-Петербург. Справочник-обозрение (М.: «Археографический центр», 1997), с. 219.

18) Путилова Е.Г. Ведомственные архивы России: учебно-методическое пособие, с. 22.

었다. 1998년 2월 14일에 공표된 러시아연방 대통령령 162호에 따라 "러시아연방 대통령 아카이브에 대한" 1991년의 대통령령이 효력을 상실했을 때, 대통령 아카이브 출입이 소수의 연구자에게조차 폐쇄될 것으로 예측되었다. 그러나 다행스럽게도 그런 일은 일어나지 않았다. 러시아의 아카이브는 점차 개방화 추세로 나아갔고, 디지털화로의 전환이 신중하게 진행되고 있었다.[19]

대통령 아카이브는 여러 개의 잡지를 발행하는 것으로 보이며, 정기적 간행의 형식은 취하지 않는 것 같다. 그중 분명한 것은 1993년 처음 출간된 잡지 『새로운 현대사』이다. 당시 대통령 아카이브의 소장 자료에 대한 이용 가능성을 알려달라는 학술계 유력인사들의 요청에 대한 "답"으로 이 잡지를 발행했다고 한다. 당시 대통령 아카이브의 코로트코프(Коротков А.В.) 소장은 특히 다음과 같이 강조했다. "러시아연방 대통령 아카이브 소장 문서의 연방 국립 아카이브로의 이관으로 과거 연구자들에게 개방되지 않았던 소중한 아카이브 문서가 엄청난 규모로 학술계와 사회단체에 제공될 것이다."[20] 당시 대통령 아카이브 문서 개방의 방법으로 두 가지가 채택되었다. 하나는 잡지를 통한 특정 문서 소개이며, 다른 하나는 일반 국립 아카이브로의 이관을 통한 열람 개방이었다. 그래서 비정기적 잡지 발행은 첫 번째 방법의 시행이었고, 그렇게 출판된 잡지들은 특정 주제에 한정되었던 것으로 보인다.

또 하나의 잡지는 1994년 발행되기 시작했다. 대통령령으로 잡지 『러시아연방 대통령 아카이브 회보(Вестник архива Президента Российской Федерации)』가 출간되었다. 엘친 러시아대통령은 1994년 7월 25일 러

---

19) Архивы России. Москва и Санкт-Петербург. Справочник-обозрение, с. 220.

20) Коротков А., "Об Архиве Президента РФ", Новая и новейшая история (1993. № 6), с. 213.

시아연방 대통령 행정실에 이 회보 발행을 명령했다. 회보의 발행 목적은 그간 비공개로 알려지지 않았던 대통령 아카이브 소장 문서를 러시아 국민과 학계에 소개하기 위함이었다. 옐친 대통령은 대통령 행정실장에게 회보 편집진을 구성하고, 회보 간행을 담당할 출판사 "법문학"의 직원 수를 적절히 충원할 방안도 강구하라 지시했다. 또한, 회보의 쪽수와 발행 부수, 배포 등에 대한 문제도 행정실장이 직접 결정할 것을 지시했다.[21] 옐친 대통령은 회보 발행에 관심이 컸다. 아마도 소련 해체의 당사자로서 러시아 민주화의 실현을 이런 식으로 과시하려 했던 것이 아닐까 생각된다.

2006년부터 『러시아연방 대통령 아카이브 회보』는 모스크바 독일역사대학(ГИИМ)이 발행하고 있다. 모스크바 독일역사대학은 2005년 독일과 러시아 역사연구를 위해 모스크바에 설립된 대학이다.[22] 대통령 아카이브는 러시아 역사학계의 지원을 통해 소비에트 역사 문제에 대한 과거 비공개 문서의 공개 작업을 모스크바 독일역사대학과 함께 진행하였다. 관련 문서는 세르게이 쿠드랴쇼프의 관할하에 문서집 시리즈로 발행되었다.[23] 또한, 2019년 8월 그 최종 결과물로 『러시아연방 대통령 아카이브 회보 "소련-독일: 1932~1941년"(Вестник Архива Президента Российской Федерации "СССР - Германия: 1932-1941")』이 발행되었다. 이 회보는 2차 세계대전을 앞둔 시기의 소련-독일 간 관계를 조명하는 모든 문서를 집대성한 문서집 전집으로 구성되었다.[24]

---

[21] 잡지 "러시아연방 대통령 아카이브 연보"에 대한 러시아연방 대통령 명령 403호(공포일: 1994.07.25.) (Распоряжение Президента РФ О журнале "Вестник Архива Президента Российской Федерации" от 25 июля 1994 г. № 403).

[22] http://www.hist.msu.ru/partnerships/academic-partnership/dhi/ (검색일: 2020.04.07.)

[23] https://www.dhi-moskau.org/ru/publikacii/pechatnye-publikacii/knizhnye-serii/vestnik-arkhiva-prezidenta-rossiiskoi-federacii.html (검색일: 2020.04.07.)

그밖에 대통령 아카이브는 잡지 『역사자료(Источник)』를 발행하고
있다. 이 잡지는 그래도 정기적으로 간행되고 있는 듯하다. 소련 및 러
시아의 최고위급 정치인들의 정치 활동과 그 행적에 관한 기록과 논문
을 주로 싣고 있다.

2001년 12월 23일 블라디미르 푸틴(В.Путин) 대통령은 "러시아연방
아카이브가 소장하고 있는 자료의 보존과 발전에 지대한 공헌을 한 러
시아연방 대통령 아카이브의 직원들에게 감사를 표명한다"는 특별 명
령(714호)을 내리기도 했다.25) 대통령의 정치 활동에 대한 대통령 아카
이브의 기여도를 충분히 짐작할 수 있다.

## 4. 대통령 아카이브의 디지털 아카이브로의 전환

홈페이지도, 공개된 자료목록조차 없는 대통령 아카이브가 디지털
아카이브로 전환되기 시작했다. 2001년 러시아연방 경제발전상업성
(Министерство экономического развития и торговли РФ)은 연방 차원
의 특별 사업인 "전자 러시아"를 개시했고, 그 일환으로 주식회사 "전자
아카이브(Электронный архив)"는 "개방된 러시아연방 대통령 아카이

---

24) http://svr.gov.ru/smi/2019/08/rech-s-naryshkina-na-prezentatsii-vestnika-arkhiva-
prezidenta-rossiyskoy-federatsii-sssr-germaniya-1.htm (검색일: 2020.04.08.)

25) 블라디미르 푸틴(В.Путин) 대통령의 "러시아연방 아카이브가 소장하고 있는
자료의 보존과 발전에 지대한 공헌을 한 러시아연방 대통령 아카이브의 직원
들에게 감사를 표명한다"는 특별 명령 714호(공포일: 2001.12.23.) (Распоряжение
(N 714) Президента Российской Федерации В.Путина О поощрении коллектива
Архива Президента Российской Федерации за большой вклад в сохранение и
развитие архивного фонда Российской Федерации объявить благодарность
коллективу Архива Президента Российской Федерации, 23 декабря 2001 года).

브(Электронный архив президента РФ открытого доступа)" 구현을 위한 첫 단계에 착수했다. 이 프로젝트의 목적은 대통령 아카이브 문서의 입력, 정리, 보관과 검색을 전자 방식으로 전환시키고, 대통령 행정실을 비롯한 다양한 이용자들의 정보 제공 요청에 빠르고 완벽하게 서비스할 수 있는 시스템을 구축하는 것이었다.[26]

대통령 아카이브는 문서의 입수, 정리, 보존과 검색에 있어 전통적인 방식이 유지되어 작동하고 있다. 그래서 특정인이나 조직이 아니면, 대통령 아카이브 문서 열람은 쉽지 않다. 그러나 1991년 소련 해체에 따른 러시아의 자본주의 체제로의 전환은 아카이브 자료에 대한 개방을 요구해왔다. 특히 사회정치적으로 민감한 반응을 유발할 수 있는 정보의 경우, 공개와 비공개의 경계에서 이용자와 관리자 간의 일종의 줄다리기를 해왔다. 그 경우, 이용자의 자료 공개 요청은 더욱 강력하고 절박했으나, 공개로 인한 결과는 예측할 수 없었기에 관리자의 입장에서는 가능한 비공개를 유지하고 싶어 했다. 이렇듯 자료 공개의 요구량 증가와 자료 요청에 대한 신속한 제공의 필요성이 제기되면서, 대통령 아카이브는 문제 해결의 방식으로 다소 생소한 방식의 디지털 아카이브로의 전환을 채택했다. 그런 전환의 또 다른 이유로 내놓은 것이 대통령 아카이브로의 이관 문서량의 급증이었다. 매년 1백만 건 이상의 문서가 유입되고 있는데, 기존 방식의 운영으로는 이관 문서에 대한 처리를 위해 꽤 많은 전문가 인력이 필요했다.[27]

대통령 아카이브는 여느 문서보관소보다도 기록으로서 매우 중요한 가치를 가지는 문서를 다수 소장하고 있다. 그래서 그 어떤 문서보관소보다도 문서 보존을 위한 바람직한 문서 처리 및 보관 방식에 대한

---

26) https://www.itweek.ru/themes/detail.php?ID=92032 (검색일: 2020.04.08.)
27) https://www.itweek.ru/themes/detail.php?ID=92032 (검색일: 2020.04.08.)

문제가 끊임없이 제기되었다. 연방보안국 특별통신센터의 정보관리시스템(УИС Спецсвязи ФСО)이 문서입력시스템을 만들었으나, 그 성능이 형편없었다. 대통령 아카이브에서는 하루 200~500장 분량의 문서가 DB화 되어야만 했다.

"개방된 러시아연방 대통령 아카이브" 사업의 첫 단계였던 2003년 8월에서 2004년 3월까지 5인의 전문인이 참여했다. 그 기간 약 50만 장의 아카이브 문서가 복사되고, 색인되고, 배치되었다. 당시 대통령 아카이브 문서의 총량은 약 2백만 건 이상으로 1천5백만 쪽을 상회했다. 게다가 매년 25만여 장의 문서가 이관되고 있었다.[28] 2004년 당시 아카이브 문서의 3분의 1 정도가 공개될 예정이었다. 그 이유는 나머지 문서가 아직 비공개로 처리되어 있었기 때문이었다. 첫 단계의 종료일은 2006년 12월 31일이었다.[29] 그러나 안타깝게도 이 과정이 향후 어떻게 진행되었고, 그 결과가 어떠했는지에 대한 정보는 찾을 수가 없다.

러시아 대통령 전자 아카이브는 현재 사기업이 운영하고 있다. "카페리온(Саперион)"이라는 전자 문서 및 데이터 운영 시스템을 설치하고 관리하는 주식회사이다. 이 회사는 러시아를 비롯하여 전 세계의 100여 개 기업의 전자 아카이브도 함께 운영, 관리하고 있다. 그러나 이용자가 직접 자료를 검색하거나 열람할 수 없다. 이용자가 원하는 자료를 요청하면 회사가 문서를 찾아 제공한다. 일반적으로 25일 이상 걸렸던 자료 복사를 3일 만에 해결해준다고 광고하고 있다.[30] 정작 대통령 아카이브 자체는 그렇게 폐쇄적이면서, 디지털 아카이브 운영을

---

[28] Назарова М. Электронный архив Президента РФ // Справочник руководителя учреждения культуры. 2004. № 6. С. 75.

[29] https://www.itweek.ru/themes/detail.php?ID=92032 (검색일: 2020.04.08.)

[30] https://www.saperion.ru/(검색일: 2020.03.11.)

사기업에 맡긴다는 것이 쉽게 이해가 되지 않는다. 이 회사가 현 정부와 밀착 관계에 있다고 짐작하는 편이 더욱 타당할 것 같다는 생각마저 든다.

"카페리온" 주식회사는 특정 기관의 전자 아카이브 운영뿐 아니라, 다양한 기관의 정보를 단일한 관리 체계로 운영하고 있다. 회사는 이를 "보다 효과적이며 생산적인 수단"이라고 주장하고 있다. 물론 이 회사는 다양한 형태의 자료를 최적의 상품으로 제공할 수 있는 능력을 보유하고 있다. CAD/CAM 시스템으로 제작된 사진-영상자료의 도면 파일, 원문 텍스트의 편집본 파일 등 문서 해독을 위한 최상의 읽기 상태로 자료가 제공되고 있다고 밝히고 있다.[31] 사기업이 러시아의 주요 기관 및 기업의 자료를 디지털 상태로 보관하고 제공하는 이러한 서비스가 과연 합당한 것인지 판단하기 어렵다. 이에 대한 보다 면밀한 조사가 필요하고, 이 시스템에 대한 의구심이 사라져야 "카페리온"에서 제공하는 정보도 신뢰할 수 있을 것이다.

"카페리온"이 운영하는 디지털 전자 아카이브는 다음의 과정을 거쳐 자료를 제공한다. 첫째, 이용자 요구에 따른 문서 검색과 제공이다. 문서 검색은 온라인으로 아카이브 측과 공동으로 한다. 즉, 자유로운 검색이 가능하지 않다. 둘째, 정보의 신뢰성 보장이다. 셋째, 손상된 자료의 완전한 복구이다. 이 작업은 기록 자체의 복원의 의미도 있지만, 이용자를 위한 조치이기도 하다. 넷째, 글씨나 기호 등의 자동 인식이다. 다섯째, 외부 DB와의 접속이다. 이용자가 쉽게 다운로드 받을 수 있게 하기 위함이다. 여섯째, 시스템 사고 기록이다. 이것은 자료가 어떻게 생산되고 보존되며 활용되는지 확인할 수 있게 해준다.[32]

---

[31] https://www.saperion.ru/(검색일: 2020.03.11.)
[32] https://www.saperion.ru/(검색일: 2020.03.11.)

현재 대통령 전자 아카이브에는 6백만 건 이상의 문서가 DB화 되어 있다. 러시아연방 대통령 명령과 훈령, 연방헌법, 연방법, 러시아연방 대통령 명령과 훈령에 관한 자료, 접수 문서와 행정실 발송문서 등이 다. 러시아연방 대통령 행정실 문서는 두 곳으로 보내진다. 러시아연 방 대통령 아카이브와 연방보안국 특별통신센터의 정보관리시스템 (УИС Спецсвязи ФСО)이다. 이 두 곳으로 발송되는 문서 모두 "카페 리온" 주식회사로 유입된다. 최고 성능의 프로그램을 장착한 2대의 공 업용 스캐너인 엘라르 스카막스(Элар СКАМАКС)는 낱장으로 된 문건 의 복사를 담당하고 있고, 제본 문서나 규격에 맞지 않는 문서들은 서 적용 스캐너 엘라르 플란스칸(Элар ПланСкан)이 처리하고 있다. 이 회사가 보유한 기술력은 하루 2만여 장의 종이 문서 제공을 보장하고 있다.[33]

자료는 표기, 주석, 관리자 서명 등과 같은 종이 원본의 모든 특성을 유지할 수 있는 그래픽 이미지 형태로 제공되고 있다. 더욱이 음성 기 록은 쉽게 디지털 복사가 가능하며, 이 기능은 영화필름과 같은 영상 기록에도 활용되고 있다. 그 밖에도 전자 아카이브는 자료를 디지털 데이터로 제공한다. 더욱이 자료 검색 작업은 인터페이스를 이용하기 에 그 검색 대상은 아카이브 소장 자료 전체에 해당된다고 한다.[34]

대통령 전자아카이브의 주 이용자는 러시아연방 대통령 행정실 각 분과장과 국가 기관의 기관장 그리고 내각과 관청의 수장이며, 그 외 러시아연방의 국민이다. 2004년 당시 전자 아카이브로 접속 가능했던 채널은 단지 10개에 불과했다. 이는 주 이용 대상이 대통령 행정실 및 정부기관으로 제한되어 있었음을 보여준다.[35]

---

33) https://www.saperion.ru/(검색일: 2020.03.11.)

34) https://www.itweek.ru/themes/detail.php?ID=92032 (검색일: 2020.04.08.)

대통령 전자 아카이브의 과제는 다음과 같다.

① 문서의 대량 복사 기술과 유형별 색인 방법을 연구한다.
② 정보의 확실한 보존 및 복구 기술을 개발한다.
③ 대통령 행정실의 기존 "아카이브" 제도와 "콘베라(Convera)" 기업의 맥락 검색 시스템의 융합 시스템을 만든다.
④ 아카이브로의 문서 이관 시 모든 절차(복사, 보존형태, 색인, 식별, 아카이브로 이관)의 기록화를 보장한다.
⑤ 대통령 전자 아카이브 소장 문서에 대한 대통령 행정실 업무 시스템을 통한 열람 가능성을 보장한다.

대통령 전자 아카이브 시스템의 기능과 역할도 정리해보았다.

① 복사에 대한 일정한 규정과 절차에 따른 문서 형식과 상태를 고려한 문서 복사.
② 문서 온라인 복사의 수준 향상.
③ 문서의 문장 및 문자에 대한 식별 능력 개선.
④ 모든 외부 DB로의 전자 문서 다운로드.
⑤ 이관 문서와 이관 과정에서의 절차, 작업에 참여했던 인력의 업무에 관한 통계 정보 제공.
⑥ 대통령 전자 아카이브 시스템 이용자 파악.
⑦ 주제어의 합리적 분류와 편성으로 전자 문서 검색 기능 향상.
⑧ 대통령 행정실 직원들의 전자 아카이브 문서 열람에 대한 유선 요청에 대한 기록 등록.
⑨ 등록된 질문 목록 검토.

---

35) https://www.itweek.ru/themes/detail.php?ID=92032 (검색일: 2020.04.08.)

결과적으로 대통령 전자 아카이브의 운영은 많은 실제적 잇점을 가져왔다고 평가하고 있다.

① 문서 검색과 발굴 시간 단축; 동일 문서에 대한 다수 이용자의 동시 작업 보장.
② 종이 문서 원본의 안전성과 보관 기간 보장.
③ 문서에 대한 모든 처리 과정이 등록, 기록됨으로서 아카이브 문서의 분실이나 몰래 바뀔 가능성의 차단.
④ 아카이브 문서의 목록화를 통한 인건비와 개별 문서에 대한 복사비 절감.
⑤ 원본 없이 무한의 문서 복사 가능.

2013년 당시 대통령 전자 아카이브는 러시아연방 대통령 아카이브 사업국에 보관된 자료 2만 7천 건 이상을 DB로 관리하고 있었다. 그 당시 대통령 아카이브에는 약 90만 건의 문서와 7백만 건 이상의 사진, 그림, 영상 등의 기록물이 소장되어 있었다.[36] 그때까지도 대통령 아카이브 자료의 3% 정도만이 DB화되어 있었다. 현재 얼마나 DB로 전환되어있는지 알 수 없지만, 분명 대통령과 대통령 행정실 등 현 대통령 업무와 관련된 자료들이 우선적으로 처리되고 있을 것이다.

러시아연방 대통령 디지털 아카이브는 그래도 과거 접근조차 불가능했던 대통령 아카이브 자료에 대한 일반인의 접근을 가능하게 해주고 있다. 자료 요청을 했을 때 과연 어떤 식으로 자료를 찾아 제공할지 쉽게 추측이 안되지만, 아주 고가의 비용이 요구될 것이다. 러시아 정부는 디지털 아카이브의 문서를 대통령 행정실의 각 분과와 정부 관계

---

[36] Электронный архив Президента Российской Федерации пополняется новыми документами. http://wescan.ru (검색일: 2020.03.23.)

자들이 사용함으로써 향후 "모든 DB를 보다 넓은 범주의 이용자들과 공유"하는 것이 정부 방침임을 명시했다.[37] 즉, 대통령 디지털 아카이브 설립의 진짜 이유는 대통령 자신과 대통령 행정실이 편리하게 관리하고 사용하기 위함이었다.


## 5. 맺음말

구소련 및 러시아 최고 권력자의 역할은 경계도 없고, 유독 전제적이다. 이는 제정러시아 시대부터 오늘날까지 유지되고 있는 러시아 권력자의 모습이다. 현 러시아 대통령 푸틴만 해도 전제군주와 같은 정치 행태를 보여주고 있다. 대통령제의 허점을 이용해 부통령을 했다가 다시 대통령에 당선된 푸틴의 오늘날 모습은 과연 정상적인가. 러시아 권력자의 파행적 행위에 러시아 국민들은 왜 침묵하고 있을까.

권력은 신화에 의지한다. 마치 단군신화처럼 사실이 아니더라도 의심하지 않고 부정할 이유 없는 이야기이다. 푸틴 정부는 정치적 행위의 명분과 타당성을 확보하기 위해 아카이브 문서가 필요했을 것이다. 그리고 21세기 디지털 시대에 들어서 종이 문서보다는 전자 문서의 활용성이 더 컸을 것이다. 그런 이유에서 대통령 아카이브의 디지털화를 추진했으리라 생각된다. 그러나 더욱 아이러니한 것은 그 디지털화를 담당한 기관이 국가조직이 아닌 사기업이라는 사실이다. 정경유착이 '마피아 문화'와 정교하게 결합되어 있는 러시아 정치의 특성을 생각한다면, 그 사기업의 정체를 짐작할 수 있으나, 이 또한 그저 짐작으로

---

[37] Администрация Президента Российской Федерации. http://www.elar.ru (검색일: 2020.03.20.)

그칠 수밖에 없다. 그러나 "카페리온" 주식회사는 러시아 재무성 아카이브와 러시아의 대표적인 공기업인 가스프롬(Газпром) 등 유수 기업들의 디지털 아카이브도 운영하고 있다. 한 마디로 러시아를 움직이는 조직과 기관에 관한 정보관리기관이라 할 수 있다.

그러나 유럽 아카이브의 전통과 러시아 정치의 특수성이 융합되어 독특한 관료적 아카이브를 보유하고 있는 러시아에서도 기록의 불가침성은 원칙적으로 지켜지고 있다. 물론 기록을 훼손하거나 조작하거나 없애는 경우도 있었을 것이다. 그러나 러시아 국민들이 가지는 기록에 대한 보편적 인식은 기록은 훼손하거나 조작하거나 없애면 안되는 것이다.

최근 한국에서는 "문재인 대통령기록원" 설치에 대한 논란이 있었다. 러시아에는 고르바초프[38]와 옐친 대통령[39]의 독립 아카이브가 존재한다. 대통령의 개별 아카이브와 통합 아카이브는 공존하며, 상호 유기적 관계를 가진다. 그리고 개별 아카이브는 대통령의 우상화를 위한 기관이 아니다. 특정 대통령의 집권기는 그것만의 고유한 특성을 가지며, 그렇게 구별되어야만 자료 활용이 용이하다.

일반인에 대한 열람이 오늘날까지도 제한적인 러시아연방 대통령 아카이브는 전자 아카이브로의 전환으로 조금씩 그 문이 열리고 있다. 이는 민주화의 결과이기도 하지만, 정보사회의 디지털화도 결정적으로 작용했다. 정보 이용과 공유가 점차 개방화되는 세계적 추세는 러시아와 같은 관료제 사회에서는 더욱 유의미하다 할 수 있다.

---

[38] https://www.gorby.ru/. (검색일: 2020.04.22.) 이곳은 고르바초프 재단으로 도서관과 아카이브를 함께 운영하고 있는 일종의 연구기관이다.

[39] https://yeltsin.ru/archive/. (검색일: 2020.04.22.) 이곳도 고르바초프 재단과 마찬가지로 옐친 센터(https://yeltsin.ru/) 산하의 도서관과 아카이브이다. 이곳에는 옐친 전시관도 있다.

 마지막으로, 러시아연방 대통령 아카이브에 대한 영상을 소개하겠
다. 니콜라이 라이쩨프(Николай Райцев)가 연출한 작품으로 2017년 상
트-페테르부르그의 대통령 도서관(Президентская библиотека)에서 제
작했다. 총 34분 18초 분량이며, 1991년 12월 31일 러시아연방 대통령
령으로 설치된 러시아연방 대통령 아카이브에 대한 소개 영상이다.[40]

---

[40] https://www.prlib.ru/item/1154327 (검색일: 2020.04.01.)

## 【 참고문헌 】

1. 러시아 법

러시아연방 대통령 명령 119호 (공포일: 1991.03.21.) (Распоряжение(№ 119) Президента
　　　РФ от 21 марта 1992 г.).

"러시아 연방 대통령 아카이브에 관한" 러시아연방 대통령 법령 338호 (공포일:
　　　1991.12.31.) (Указ Президента Российской Федерации «Об Архиве Президента
　　　Российской Федерации» от 31 декабря 1991 г. № 338).

러시아연방 대통령의 "러시아연방 대통령 아카이브에 대한" 명령 151호 (공포일:
　　　1994.03.25.) (Распоряжение "Об Архиве Президента Российской Федерации"
　　　Президента Российской Федерации от 25 марта 1994 года (N 151).

잡지 "러시아연방 대통령 아카이브 연보"에 대한 러시아연방 대통령 명령 403호
　　　(공포일: 1994.07.25.) (Распоряжале Президента РФ О журнале "Вестник
　　　Архива Президента Российской Федерации" от 25 июля 1994 г. № 403).

블라디미르 푸틴(В.Путин) 대통령의 "러시아연방 아카이브가 소장하고 있는 자
　　　료의 보존과 발전에 지대한 공헌을 한 러시아연방 대통령 아카이브의
　　　직원들에게 감사를 표명한다"는 특별 명령 714호 (공포일: 2001.12.23.)
　　　(Распоряжение (N 714) Президента Российской Федерации В.Путина О
　　　поощрении коллектива Архива Президента Российской Федерации за
　　　большой вклад в сохранение и развитие архивного фонда Российской
　　　Федерации объявить благодарность коллективу Архива Президента
　　　Российской Федерации, 23 декабря 2001 года).

러시아연방 대통령 아카이브의 역사 부문 문서의 연방 국립 아카이브로의 이전
　　　에 대한 요청 (공포일: 2013.09.30.) (Обращения о передаче документов
　　　исторической части Архива Президента РФ на постоянное хранение в
　　　федеральные государственные архивы от 30 сентября 2013 г.)

## 2. 러시아 문헌

Архивы России. Москва и Санкт-Петербург. Справочник-обозрение (М.: «Археографический центр», 1997).

Коротков А., "Об Архиве Президента РФ", Новая и новейшая история (1993. № 6).

Малышева С.Ю., Основы архивоведения: Учебное пособие (Казань: Татарское Республиканское изд-во "Хэтер", 2002).

Назарова М. Электронный архив Президента РФ // Справочник руководителя учреждения культуры. 2004. № 6.

Путилова Е.Г. Ведомственные архивы России: учебно-методическое пособие (Нижний Тагил: НТГСПА, 2012).

## 3. 인터넷 사이트

Путилова Елена Геннадьевна, Весь наработанный материал сделать достоянием более широкого круга пользователей (Архив Президента Российской Федерации),
http://history.milportal.ru/ves-narabotannyj-material-sdelat-dostoyaniem-bolee
-shirokogo-kruga-polzovatelej-arxiv-prezidenta-rossijskoj-federacii/ (검색일: 2020.04.01.)

http://www.hist.msu.ru/partnerships/academic-partnership/dhi/ (검색일: 2020.04.07.)

https://www.dhi-moskau.org/ru/publikacii/pechatnye-publikacii/knizhnye-serii/vestnik
-arkhiva-prezidenta-rossiiskoi-federacii.html (검색일: 2020.04.07.)

http://svr.gov.ru/smi/2019/08/rech-s-naryshkina-na-prezentatsii-vestnika-arkhiva-prezid
enta-rossiyskoy-federatsii-sssr-germaniya-1.htm (검색일: 2020.04.08.)

https://www.itweek.ru/themes/detail.php?ID=92032 (검색일: 2020.04.08.)

https://www.saperion.ru/ (검색일: 2020.03.11.)

Электронный архив Президента Российской Федерации пополняется новыми док ументами. http://wescan.ru (검색일: 2020.03.23.)

Администрация Президента Российской Федерации. http://www.elar.ru (검색일: 2020.03.20.)

https://www.gorby.ru/. (검색일: 2020.04.22.)

https://yeltsin.ru/archive/. (검색일: 2020.04.22.)

https://www.prlib.ru/item/1154327 (검색일: 2020.04.01.)

# 한국을 위한 시사점과 미래 방향

　본 책의 마무리로서 한국을 위한 시사점을 국가별로 그 특징과 함께 살펴보고자 한다.

　먼저, 미국은 한국과 마찬가지로 행정, 입법, 사법부의 권한이 분리되어 있는 대통령중심제 국가다. 또한 중앙정부와 주정부가 권력을 분배하여 통치하는 연방제 국가이기도 하다. 대통령직 수행과정에서 생산된 모든 국정통치 기록의 이관 및 관리 시스템이 미국에서 자리 잡기 시작된 지는 오래되지 않았으며 1978년 대통령기록물법의 제정 이후에야 가능했다. 그럼에도 대통령 지정기록물의 철저한 보호 및 적극적인 시민권리 추구로 또 하나의 "전직대통령 문화"를 잘 일구고 있는 나라 중 하나로 미국을 들 수 있으며, "문화"라는 관점에서 앞으로 한국에 시사하는 바가 크다고 할 수 있다.

　독일에서는 나치시대에 대한 철저한 반성으로 인해 대통령 혹은 수상 기록관 및 기록이라는 개념이 존재하지 않는다. 이들은 일반 행정기록과 같은 범주로 관리된다. 1인 독재의 영도자원리에 대한 깊은 반성의 결과다. 대통령 및 수상의 기록은 퇴임과 동시에 이관되지 않고 후임자의 임기 후에 이루어진다. 행정의 연속성, 투명성, 설명책임성, 추증가능성을 위해서 그렇게 한다. 이러한 대통령 및 수상 기록의 이관 제도는 바로 선진적인 민주주의 발전으로 가능해졌다. 국민들은 이 제도의 중요성을 잘 인식하고 있고 제대로 시행되도록 감시의 눈을 게을리 하지 않고 있다. 이러한 독일 사례는 또한 기록관리의 발전을 통하여 민주주의 발전을 구가할 수 있음을 말해준다. 독일 사례 속에서 우리는 국가의 행정, 문화, 정치, 기록관리제도 등을 사회·문화적인 풍토에 대한 깊은 이해와 함께 제대로 파악할 수 있음을 알 수 있다.

프랑스 문화부 문화유산국에 소속된 기록관리부는 대통령기록물을 포함한 공공기록물을 중앙집권적으로 관리하고 있으며, 기록관리부를 통하여 국립기록보존소, 도기록보존소, 기초자치단체 기록보존소까지 통제와 지원이 이루어지고 있다. 기록관리부가 문화부 산하에 존재하기 때문에 대통령과 정부 각료에 의한 영향 없이 문화부의 문화정책의 기본이념에 충실하게 기록관리 정책수립과 이에 따른 사업들이 진행되고 있다는 것이 특징이다. 특히 대통령을 비롯하여 정치적 동업자인 총리를 비롯한 정부 각료들이 생산한 기록물이 현재 업무에 대한 설명책임성과 업무의 투명성을 넘어서 프랑스 역사기록물로서 문화유산으로서의 가치가 있다는 것이 인식되면서 대통령기록물 생산에 대한 자부심과 의무감을 갖게 한다.

러시아 아카이브는 유럽 아카이브의 전통과 러시아 정치의 특수성을 공히 반영하고 있기에 제도적이면서도 관료적이다. 특히 그 특성을 집약적으로 보여주고 있는 기관이 바로 러시아연방 대통령 아카이브이다. 이곳은 그 흔한 홈페이지나 목록집도 가지고 있지 않다. '크레믈린 아카이브'라는 별명답게 일반인에 대한 열람도 폐쇄적이다. 그러나 2001년부터 러시아연방 대통령 아카이브는 천천히 전자 아카이브로 전환되어 왔다. 이는 민주화의 결과이기도 하지만, 정보사회의 디지털화가 결정적으로 작용했다. 그러나 아이러니하게도 그 디지털화를 담당하고 있는 기관은 국가조직이 아닌 사기업이다. "카페리온" 주식회사로 러시아 재무성 아카이브와 러시아의 대표적 공기업인 가스프롬(Газпром) 등 유수 기업의 디지털 아카이브도 운영하고 있다. 정경유착이 '마피아 문화'와 정교하게 결합되어 있는 러시아 정치의 특성을 생각한다면, 그 사기업의 정체는 일종의 정보관리기관으로 추측된다. 다만, 이 책에 실린 러시아연방 대통령 아카이브에 대한 글은 자료 입수의 어려움으로 도입문 수준으로 마무리되었다. 향후 보다 정확하고 명징하게 완성되길 기대한다.

한국은 대통령중심제 국가로 공공기록물법이 제정된 이래 단기간에 기록관리를 발전시켰다. 특히 2007년 대통령기록물법이 제정되면서 대통령기록물 관리체계의 근간을 마련하고, 업무수행의 전 과정을 기록으로 남기고자 하였다. 그 결과 많은 기록물을 이관받았으나, 여러가지 과제에 직면하였다. 법령으로 규정된 단일의 절차는 다양한 유형의 기록에 적용하기 어려웠고, 선별과 평가 없는 모든 기록물의 이관은 국정통치의 핵심 기록보다 보존가치가 낮은 기록물의 비중을 증가시켰다. 또한 정치적으로 민감한 기록물의 보호장치는 현재 강력하게 작동되지 못하는 것 같다. 이런 사례를 볼 때 기록관리는 단순히 법과 제도의 문제뿐만 아니라 사회전반의 기록관리에 대한 인식이 함께 변화, 발전해야 함을 보여준다. 향후 좀더 다양한 기록이 기록관리의 범주에 편입될 것을 감안한다면 최근 우리의 사례와 선진사례를 돌아보는 것은 의미있는 작업이라고 생각된다.

미국은 강력한 대통령 제도를 실시하고 있고, 독일은 나치 이후에 대통령과 수상의 권한이 크지 않은 정치제도이며, 프랑스는 강력한 대통령제도를 운영하면서도 의회가 적절하게 견제하고 있는 형세이다.

러시아는 이러한 정치제도와 문화는 기록관리제도에도 동일하게 적용되어 국정통치기록물의 이관 및 공개에 많은 영향을 주었다.

독일과 프랑스는 기록물 최종생산일로부터 각각 30년, 50년, 미국은 비밀기록의 경우 지정 후 25년, 대통령지정기록물의 경우 이관 후 12년이 지나서 공개하게 되어 있다. 이들 세 나라는 국정통치기록물의 공개와 관련하여 정쟁의 대상이 되지 않는다는 공통적인 특징이 있다. 의회의 결의를 통해 비밀 기록물을 열람할 수 있지만 세 나라 모두 그러한 사례가 아직까지 없다는 사실은 기록관리제도의 공고함과 이에 대한 정치 문화와 성숙도가 뒷받침되고 있다는 것을 반증한다. 국정통치의 대상의 변화와 상관없이 기록관리제도가 운영되고 발전되어 간다는 것이 세 나라의 공통적인 특징이다. 세 나라의 사례들을 보아도 국정통치기록물에 대한 비밀보호기간 준수와 공개를 통한 국민의 알권리 충족이 얼마나 철저히 법과 제도에 따라 시행되고 있는지를 알수 있다. 정치와 사회의 민주적 동력과 질서는 물론 외교와 국내 행정의 기밀유지, 투명성, 설명책임성, 연속성의 보장이 바로 이러한 기록관리제도의 엄정한 시행에 기초를 두고 있다. 뿐만 아니라 서로 정치적 뜻을 달리하는 위정자들이나 국민들도 이 제도가 흔들릴 때 국익은 물론 국가 근간이 흔들린다는 엄정한 인식을 공유하고 있다.

현재 대통령기록물을 대통령기록관이 아닌 국정원이 소유하다가 기관 자신의 판단으로 정치적 사안과 관련하여 공개하는 일은 중대한 문제점을 제기한다. 이러한 상황은 미국, 독일, 프랑스의 법과 제도의 차원에서는 물론 국민의 정서상 상상할 수 없는 사건에 속한다. 이와 관련하여 국민들의 기록관리에 대한 의식과 감시기능이 매우 중요하다는 점이 강조될 수 있겠다.

앞의 해외사례들에서 보듯이 기록물 이관과 관리는 한 국가의 사회 및 문화 성숙도의 척도이기도 하다. 국민들이 기록관리가 잘 되었을 때 국가와 사회가 얼마나 큰 이익을 얻을 수 있는지를 투철하게 인식하고 기록관리제도가 잘 운영되도록 엄격하게 감시해야 한다. 우리 한국의 대통령기록 관리의 장기적인 발전을 위해 매우 중요한 시사점이라 하겠다.

다른 한편으로 필자들은 미국, 독일, 프랑스, 러시아의 정치제도와 기록관리제도의 관계를 살펴보면서 기록관리제도의 독립성에 대해 고민하게 되었다. 국정통치권자와 상관없이 기록관리가 체계적으로 독립적으로 운용될 수 있어야 기록의 생산에서부터 활용에 이르기까지 국정운영의 투명성과 설명책임성이 보장되며 국민과의 거버넌스 또한 원활하게 실현될 수 있기 때문이다. 무엇보다도 공공기록물, 특히 국정통치기록물이 정쟁의 대상이 되는 현재와 같은 상황은 국민들의 엄중한 감시 그리고 제도의 철저한 독립성을 통해 재발되지 않도록 해야 한다.

# ∎ 찾아보기